W0078729

ESOTERISCHES
WISSEN

Herausgeber dieser Reihe Michael Görden

Barbara Ray

Der
›Reiki‹ Faktor

Die Einführung in das berühmte Energiesystem.
Ein Standardwerk zum ersten Mal im Taschenbuch

Erweiterte Neuausgabe

WILHELM HEYNE VERLAG
MÜNCHEN

HEYNE ESOTERISCHES WISSEN
08/9553

Aus dem Amerikanischen übertragen von
Anna-Christine Rassmann
und Barbara Simonsohn

3. Auflage

ISBN 3-453-04026-0

Dieses Buch ist Dir gewidmet,
dem Leser — dem Suchenden.
Möge es Dir etwas geben,
wonach Du auf Deinem Weg suchst.

Inhaltsverzeichnis

Vorbemerkungen der Autorin

zur erweiterten Neuausgabe

Dieses Buch wurde zuerst im Januar 1983 veröffentlicht, zu Beginn der achtziger Jahre, als die als ›Reiki‹ bekannte Technik in den USA nur wenig und in den meisten anderen Ländern gar nicht bekannt war. In der Tat war und ist so wenig von der Anwendung solcher transzendentaler Energie-Wissenschaften bekannt, und ganz besonders von dieser Wissenschaft und diesem System, daß ein ›erstes Buch‹ über ›Reiki‹ notwendig war, um die Tür für Menschen zu öffnen, als ein Anfang, mehr darüber zu lernen. Die Leser waren und sind immer noch interessiert, zunächst zu erfahren, was diese Technik für sie bewirken kann – welche Art von Zusammenspiel mit ihrem Alltagsleben besteht.

Am meisten wollten die Leser etwas über den menschlichen Aspekt der Anwendung dieser kosmischen Wissenschaft wissen. Um dieses Bedürfnis zu befriedigen, wurde dieses Buch vor allem geschrieben: um eine Tür zu seiner reichen Vielfalt verschiedener Erfahrungen von Menschen zu öffnen, die diese Technik in ihrem Alltag anwenden. Diese neue erweiterte Ausgabe enthält viele zusätzliche Beschreibungen von Anwendungsmöglichkeiten und persönlichen Erfahrungen, um den Interessen der Leser noch weiter entgegenzukommen. Sie sind von Einzelpersonen, die diese kosmische Wissenschaft anwenden, geschrieben worden. Bitte lesen Sie dazu die Seiten 18 und 215.

Seit der ursprünglichen Veröffentlichung dieses Buchs haben Tausende von Lesern sich damit ein umfangreiches Wissen erworben über Lichtenergie, Wissenschaften transzendentaler, kosmischer Energie und über besondere Anwendungsmöglichkeiten dieser Wissenschaft zur Förderung von persönlichem Wachstum und Transformation. Außerdem über den Heilungs- und Ganzwerdungsprozeß innerhalb der Körper-Seele-Geist-Dynamik und über besondere Wege, mit anderen Menschen und auch mit Haustieren, Tieren überhaupt und anderen lebendigen Energien zusammenzuarbeiten. So wird diese spezielle Ausgabe auch zum Nutzen von heutigen und künftigen Lesern als ein historischer Meilenstein und als eine unschätzbare Quelle von Informationen, Einsichten und Inspirationen im Hinblick auf diese einzigartige universale Energie-Wissenschaft weiterhin hervorragende Dienste leisten, egal, ob Sie jemals den weiteren Schritt machen und an einem Seminar teilnehmen, um ›Die Radiance Technik®‹ zu lernen.

Als die erste Ausgabe ›Der Reiki Faktor‹ erschien, wurde das Wort ›Reiki‹ sowohl als ein Adjektiv als auch als ein Verb gebraucht, als ein Substantiv, ein Name der Wissenschaft und ebenso in bezug auf die Anwendungsmöglichkeiten dieser Technik. Das Buch wurde in dieser Art geschrieben, um viele Leser zu erreichen. Allerdings wurde seit damals das Wort ›Reiki‹ in einer solch verallgemeinernden und vagen Weise benutzt, daß jetzt neue Bezeichnungen verwendet werden, um diese authentische Wissenschaft und Technik zu bezeichnen. Die ›Radiance Technik®‹ und ›Das Offizielle Reikiprogramm®‹ kennzeichnen jetzt für die Öffentlichkeit deutlich diese authentische, intakte Wissenschaft und beenden auf klare Weise die Verwirrung, die vom Mißbrauch des Wortes ›Reiki‹ herrührt, das oft falsch und wahllos angewandt wurde, um Techniken, die verschieden von der ursprünglichen und authentischen Wissenschaft selbst sind, zu beschreiben. Wenn Sie sich näher darüber informieren wollen, lesen Sie bitte auf Seite 211 dieser Ausgabe ›Zur besonderen Beachtung‹. Zur Zeit der ersten Veröffentlichung dieses Buches hatte die American-International Reiki Association, Inc., die seit damals weltweit eine Anzahl von Lehrern ausbildete und ihnen ihre erfolgreiche Ausbildung bescheinigte, gerade damit begonnen, mit großem Energieaufwand Lehrer auszubilden, die Öffentlichkeit zu informieren und die Verwirrung um das wenige, was von ›Reiki‹ als Wissenschaft transzendentaler Energie bekannt war, zu klären und abzubauen. Damals gab es einige historische und überlieferte Informationsbeschränkungen, die ich weiterhin beachtete, während ich mit den Informationen arbeite, die zu jener Zeit bereits öffentlich waren. Ich begann damals auch, Leser darin weiterzubilden, woran sie am meisten interessiert sind − den Anwendungsmöglichkeiten dieser universalen Energie, die ›Reiki‹ genannt wurde. Seit der ersten Veröffentlichung hat ein Zyklus von intensiver Weiterbildung und Interaktion mit der Öffentlichkeit stattgefunden, der die Umsicht der Art und Weise des anfänglichen Zugehens auf die Leser bestätigt hat.

Indem ich ›Der Reiki Faktor‹ als Buch-Titel wählte, bezog ich mich auf den *Faktor* universaler, ganzheitlicher, transzendentaler Licht-Energie in jedem von uns und in allen Lebewesen, und auf dieses ausstrahlende, kosmische Prinzip von Energie (Rei) als ein Faktor, der mit einem niedrigerem, dichteren Prinzip von Energie (Ki) in unserem täglichen Leben zusammenwirkt.

Meinem eigenen Weg der transzendentalen Energie-Wissenschaften folgte ich zeit meines Lebens, obgleich ich diese besondere Technik erst 1978 kennenlernte. 1979 wurde ich ›Reiki‹-Meisterin, Lehrerin des gesamten Dritten Grades, und erhielt die vollständige Ausbildung in allen Sieben Graden dieser Energiewissenschaft, die von Dr. Mikao Usui

Mitte bis Ende des 19. Jahrhunderts wiederentdeckt wurde. Ich gründete 1978 das ›Reiki‹-Zentrum in Atlanta und 1980 die American Reiki Association, Inc., die alsbald zur American-International Reiki-Association Inc. wurde.

Mein akademischer Hintergrund und weltweite Reisen mit dem Ziel, mein Wissen über alte Kulturen und Zivilisationen zu erweitern und zu vertiefen, haben mich darauf vorbereitet, viele verborgene Wissenschaften transzendentaler Energie identifizieren und erforschen zu können. Daher war ich in der Lage, die Bedeutung des ›Reiki‹ zu erkennen, als ich dieser einzigartigen Wissenschaft mit ihrem präzisen inneren System, das direkt Zugang zu innerer universaler Energie verschafft, begegnete. Seit der ersten Veröffentlichung dieses Buches habe ich weiter die Sammlung und Verbreitung von beschreibenden experimentellen Daten gefördert und hatte auch die Gelegenheit, andere genauer über die tatsächliche Wissenschaft selbst zu unterrichten (bitte lesen Sie dazu Seite 214 und 215 mit einem Hinweis auf weiterführende Literatur und andere Quellen).

In diesem ersten Buch habe ich das veröffentlicht, was der Beginn einer Sammlung weiterführender Daten war, die auf besonderen Erfahrungen derjenigen beruhten, die anfingen Die Radiance Technik® (›Reiki‹) in ihrem täglichen Leben anzuwenden. Diese Sammlung ist ein erster Schritt in Richtung einer besonderen Art von Sozialforschung — eine Sozialforschung, die auf einer großen Bandbreite von Erfahrungen mit dem Prozeß des Zusammenwirkens von innerer, transzendentaler Energie mit anderen Arten von Energie, die von ihrer Schwingung her langsamer sind. Ich habe ein Wissen erster Hand über die Anwendung von Lichtenergie und schrieb dieses Buch, um einiges von dieser besonderen Art sozialer Forschung an Sie, liebe Leser, weiterzugeben.

Es ist einfach nicht möglich, diese Wissenschaft selbst in *irgendeiner* Form von Buch weiterzugeben, da eine transzendentale Energie-Wissenschaft ganz besonders eine lebendige Dynamik von menschlichen Interaktionen in einer einzigartigen, vorgeschriebenen und geordneten Weise erfordert, um innere, universale Energie zugänglich zu machen, zu aktivieren und zu erweitern. Es ist dennoch für Sie möglich, einige wichtige und persönlich wertvolle Informationen zu lesen und damit eine wesentliche Erfahrung auf Ihrer Reise durch dieses Buch zu machen.

Erinnern Sie sich daran, daß wahres Heilen ein Prozeß ist, der alle Ebenen Ihres Seins berührt und eine Feier, um Ganzheit und Einheit zu erreichen — Erleuchtung ist Ihr göttliches, kosmisches Geburtsrecht!

Barbara Ray, Mai 1988

Der Reiki Faktor

Einführung in das authentische System von Dr. Usui

Dieses faszinierende Einführungsbuch stellt die Selbsthilfetechnik von Reiki vor, die Dr. Ray im Reiki-Zentrum von Atlanta, Georgia, USA seit 1978 praktiziert und lehrt. 1980 gründete Dr. Ray die American Reiki Association. Reiki ist keine Religion und auch kein Kult. Es ist eine Kunst und Wissenschaft zum natürlichen Heilen und zur Aufrechterhaltung der Gesundheit, die darauf beruht, sich mit der universellen Lebensenergie zu verbinden, die in allem Lebendigen fließt. Es ist eine Technik, die sich täglich und in jeder Lebenslage anwenden läßt, um Energien wieder aufzubauen und um das körperliche, geistige und emotionale Gleichgewicht aufrechtzuerhalten. Reiki stammt aus dem Fernen Osten und ist mehrere Jahrtausende alt. Es war im Westen unbekannt, bis Dr. Ray es durch eine alte Japanerin entdeckte, die sie dann in dem gesamten Reiki-System unterrichtete.

Anhand zahlreicher Fallbeschreibungen zeigt Dr. Ray, wie sie und andere mit Reiki vielen Menschen zu neuer Energie, zu Frieden und Zufriedenheit und zu Gesundheit verholfen haben. Reiki kann uns helfen, neue Lebensgewohnheiten in unserem Leben aufzubauen, um z. B. mit Belastungen besser umgehen zu können, um Gewicht zu verlieren oder von schädlichen Suchtverhalten frei zu werden.

In manchen Fällen haben Reiki-Behandlungen zu Spontanheilungen geführt. In anderen Fällen konnten die körperlichen und seelischen Leiden von chronisch oder im Endstadium kranken Menschen, auch Krebskranken, sehr verringert werden.

In einem besonders eindrucksvollen Kapitel beschreibt Dr. Ray den Fluß von Energie und Licht, den sie bei der Behandlung von Sterbenden mit Reiki erlebt hat.

Reiki ist auch zum Heilen von Katzen, Hunden und Wildtieren benutzt worden, ebenso zur Heilung von Pflanzen. Durch dieses Buch wird Wissen und Verständnis über diese leicht zu erlernende und hochwirksame Heiltechnik weiten Kreisen zugänglich gemacht.

Vorwort

Es ist mir eine Ehre, dem öffentlichen Erscheinen von Reiki meine begeisterte Unterstützung zu geben. 1979 hatten mein Mann* und ich das Vergnügen, Dr. Barbara Ray und diese bedeutsame Heilmethode kennenzulernen. Wir haben seither vieles erlebt, was uns die Heilkraft von Reiki schätzen lehrte. Im März 1979 wurde mein Mann wegen Magenkrebs operiert, der sich in die angrenzenden Lymphknoten ausgebreitet hatte. Nach acht Monaten war trotz wiederholter operativer Eingriffe der Schnitt noch nicht verheilt. Zu dieser Zeit hörten wir einen Vortrag von Dr. Ray über Reiki und beschlossen, daß John von solchen Behandlungen Gebrauch machen sollte. Nach siebzehn Tagen war der Schnitt vollständig verheilt, und John hatte keine weiteren Krebssymptome.

Inzwischen haben wir beide den ersten und zweiten Grad der natürlichen Heilmethode von Reiki.

Meine Mutter wurde im August 1979 im Alter von fünfundachtzig Jahren wegen Wirbelsäulenkrebs operiert. Auch hier waren die Lymphknoten mitbefallen. Meine Mutter bekam den ersten Grad Reiki und behandelte sich selbst. In den achtzehn Monaten, in denen sie mit Chemotherapie behandelt wurde, hatte sie keinen Haarausfall, verlor kein Ge-

---

* John Warkentin, PH.D., M.D.

wicht und behielt ein hohes Energieniveau bei. Wir sind der Meinung, daß ihre tägliche Reiki-Behandlungen ein wichtiger Faktor in ihrer unerwartet guten Genesung waren. Ihr Krebs ist nicht wiedergekommen.

Reiki hat meiner Mutter auch geholfen, mit den Belastungen, die die Krankheit meines Vaters in den letzten Monaten ihrer sechzig gemeinsamen Jahre mit sich brachte, fertigzuwerden. Mein Vater kam im Januar 1980 wegen wiederkehrendem Hydrocephalus, der schon im Januar zuvor operativ behandelt worden war, in ein Pflegeheim. Während der folgenden zweieinhalb Jahren bekam er viele Reiki-Behandlungen und fühlte sich hinterher immer ruhiger. Ich glaube, daß Reiki viel zu seinem Wohlbefinden in den letzten Monaten beigetragen hat und auch zu dem Frieden, mit dem er starb.

An mir selbst habe ich wiederholt die Heilkraft der Reiki-Energie erfahren. Wenn ich auch während der letzten Jahre keine lebensgefährliche Krankheit hatte, so haben doch die Belastungen dieser vergangenen dreieinhalb Jahre zu geringeren Krankheiten und Schmerzen verschiedenen Ursprungs geführt. Diese wurden hauptsächlich durch Reiki bedeutend gelindert oder gänzlich geheilt. Ein besonderes Erlebnis war, als ich sehr schmerzhaft stürzte und schwer auf meinem linken Knie aufprallte. Es schwoll sehr schnell an: das ganze Knie wurde sichtlich dicker und bekam vorne eine Beule von der Größe eines Eis. In einer Stunde war ich im Reiki-Zentrum in Atalanta, wo ich zwei Stunden lang behandelt wurde. Die Schwellung nahm ab, und die eigroße Beule verschwand. Am selben Abend wurde ich eine Stunde lang von Reiki-Praktikern gleichzeitig behandelt; danach war die Schwellung vollständig abgeklungen. Ein Arzt, der sah, wie das Knie nach dem Sturz anschwoll, hatte erwartet, mich mindestens sieben Tage lang an Krücken gehen zu sehen. Er war überrascht, als ich am selben Abend ohne große Schmerzen und ohne Schwellung an dem verletzten Knie daherging.

Vor zweieinhalb Tagen verstauchte ich mir den rechten Knöchel. Mein Mann und ich behandelten den Knöchel in regelmäßigen Abständen mehrere Stunden lang und legten eine elastische Binde an. Ich konnte ohne Krücken nicht gehen und suchte am folgenden Morgen einen Orthopäden auf. Der fand, daß der Knöchel nicht gebrochen, aber stark verrenkt war. Er war sehr erstaunt, daß mein Fuß und der Knöchel nicht geschwollen waren. Er sagte, mein Fuß müsse zwei bis drei Wochen lang in der Bandage bleiben, und ich müsse an Krücken oder mit einem Stock gehen und könne mindestens eine Woche lang nicht Auto fahren. Mit Hilfe von Reiki gab es überhaupt keine Schwellung, und heute, achtundvierzig Stunden später, kann ich ohne Hilfe gehen und Auto fahren. Die zuvor geschilderten persönlichen Erlebnisse zeigen ein wenig von der Wirksamkeit der Reiki-Heilkraft, wie ich sie erfuhr. Es ist sehr verblüffend, bei welcher Vielzahl von verschiedenen Krankheiten die Reiki-Methode sich positiv auswirkt oder Heilung herbeiführt. Manchmal erschien es mir wie ein Wunder. Reiki scheint über Energie zu wirken, die immer um uns herum ist. Was genau das für eine Energie ist, verstehe ich nicht. Ich weiß nicht, durch was für einen Mechanismus diese Energie sich wohltuend auswirkt und nicht schädlich ist. Durch Reiki wird Schmerz ziemlich regelmäßig gelindert und nicht verstärkt, und körperliche und seelische Heilung wird gefördert und nicht behindert. Die Grenzen der Heilung durch Reiki kenne ich nicht. Was mich besonders verblüfft, sind die Erfolge mit der Fernheilung durch Reiki, wo Sender und Empfänger viele Meilen voneinander entfernt sind. Und schließlich, wo diese Heilenergie doch so offensichtlich allgegenwärtig ist, wie ist das zu verstehen, daß die Menschheit von solch einem großen Gut nichts wußte?

Angesichts so vieler Fragen habe ich nur eine klare Antwort: wie auch immer es funktioniert, Reiki wirkt auf jeden Fall!

Ich bewundere den Mut von Dr. Ray, dieses Buch herauszugeben. Sie ist einer der ersten amerikanischem Meister in dieser Methode und präsentiert eine detaillierte Darstellung des gegenwärtigen Wissens über Reiki. Sie ist ehrlich und mit Hingabe darum bemüht, die Heilung durch Reiki weiteren Kreisen verfügbar zu machen.

Elizabeth Valerius Warkentin, Ph.D.

Juli 1982

Vorwort

Ich habe erneut die Ehre, dieses Vorwort zur zweiten Auflage von *The Reiki Factor* zu schreiben.

Im August 1982 hatte ich das Privileg, den dritten Grad des Meister/Lehrers in der natürlichen Heilmethode von Reiki zu empfangen. Es kam zur rechten Zeit. Drei Monate später, im November, wurde bei einer Operation festgestellt, daß mein Mann mehrere metastatische Krebsgeschwüre hatte. Er hätte nur noch zwei Monate zu leben, sagten die Ärzte; er lebte daraufhin noch 12 Monate. (Nach seiner ersten Operation wegen einer anderen Art von Krebs vier Jahre zuvor hatte er der medizinischen Statistik zufolge nur noch eineinhalb Jahre zu leben gehabt.) Im Dezember, noch im Krankenhaus, bekam John den dritten Grad des Reiki Meister/Lehrers. Ich glaube, unsere Einweihung als Reiki-Meister half uns, das folgende Jahr mit einer Leichtigkeit zu erleben, die wir andernfalls nicht gehabt hätten. Außerdem hätte ich sicherlich in dem darauffolgenden Jahr eine Bitterkeit und einen Zynismus entwickelt, die sich schon in mir ankündigten und die mit jener Einweihung zu schwinden begannen.

Nach seiner Operation war John oft sehr müde, und er bekam täglich Behandlungen von liebevollen Menschen in Atlanta und außerdem Reiki Fern-Heilung von Menschen aus dem ganzen Land. Er bekam auch jeden Samstag eine vierstündige Reiki-Behandlung von bis zu fünfzehn Menschen. Gewöhnlich war er vor diesen Behandlungen sehr leidend, aber hinterher sagte er oft: »Es ist ein Wunder. Ich fühle mich jetzt ganz wunderbar und voller Energie.« Seine Gesichtsfarbe veränderte sich auch immer von aschgrau zu einem gesunden Rosa.

John bekam zur Behandlung eines Magengeschwürs Bestrahlungen, aber auf die Metastasen hatte das keine Auswirkungen. Es wurde auch versucht, ihn mit Chemotherapie zu behandeln, aber bei seiner Art von Krebs blieb diese erfolglos. Entgegen aller Erwartungen konnte er im Mai wieder Patienten empfangen und er war sehr froh, anderen wieder nützlich sein zu können. Ende September suchten wir einen Krebsspezialisten in Chikago auf, der uns sagte: »Reiki muß etwas ganz Wunderbares sein, wenn es John ermöglicht, bei seinem Krankheitszustand die Energie für diese Reise aufzubringen und die Energie zu haben, die er offensichtlich hat.« John konnte bis Ende Oktober arbeiten, dann wurde er zu schwach dafür. Medizinisch gesehen hätte er eigentlich starke Schmerzen haben müssen, aber er hatte keine. Das einzige Medikament, das er gegen Ende seines Lebens einnahm, war gegen Übelkeit. Nach einer Bluttransfusion im März blieben auch seine Blutwerte durchaus in normalen Bereichen.

Es war nicht nur die körperliche Ebene, auf der John von Reiki berührt war. Sein Sterben war ein Prozeß, der seinen physischen Körper und auch sein geistiges Selbst betraf. Die Heilung durch Reiki umfaßte auch das, was offenbar jenseits der physischen Ebene geschieht. Einmal war ich zugegen, als John an der Flüssigkeit in seinen Lungen zu ertrinken schien. Ich saß neben ihm und hörte, wie es in seiner Brust gurgelte. Ich litt mit ihm — er war ja mein Mann, den ich liebte. Eine Freundin, die auch Reiki-Lehrerin ist*, kam

---

* Sara Schmidlin, Ph.D.

ins Zimmer und begann, John eine Reiki-Behandlung zu geben. Sie sagte zu ihm: »Es ist schön, nicht wahr?« Er öffnete die Augen, schaute sie direkt an und sagte: »Ja!« Er schien uns zu sagen, daß er über und jenseits des körperlichen und psychischen Leidens, das wir sahen, unglaubliche Schönheit erlebte. Er sagte auch: »Ich möchte immer mit dem Reiki leben.« Ich lag zu der Zeit auch neben John mit einer Lungenentzündung im Bett. Ich hatte während der anstrengenden letzten sechs Jahre mehrmals Lungenentzündung und andere Atembeschwerden gehabt. Ich glaube, ohne Reiki hätte ich die Belastungen dieser Zeit körperlich und seelisch nicht überstanden.

John war zur Zeit seines Überganges bei Bewußtsein. Er hatte seine siebzig Jahre mit Liebe und Hingabe gelebt, Gott und dem Dienste an den Menschen ergeben. Wir sind beide der Meinung, daß es Reiki war, das seine letzten Jahre relativ schmerzlos machte und es ihm ermöglichte, bis zuletzt zu dienen. An unserem zwölften Hochzeitstag, dem 27. November 1983 starb er und ging ins Licht. Durch den Sterbeprozeß meines Mannes lernte ich, daß das, worauf es ankommt, ist, diese Welt lichtvoll und in Liebe zu Gott zu verlassen.

Ich bin besonders Dr. Ray für ihre stetige Hilfe während Johns letzter Zeit auf dieser Erde dankbar. Ihre Hingabe an Reiki und daran, es uns und der ganzen Menschheit weiterzugeben, ist in ihren Lehren und in diesem Buch zu sehen.

Elizabeth Valerius Warkentin, Ph.D.
Psychotherapeutin und Assistenzprofessorin für Psychologie an der Georgia State University
Reiki-Meister/Lehrerin, Atlanta, Georgia

Vorwort

Dieses Buch ist ein Meilenstein: es ist das erste Buch, das über Reiki geschrieben wurde! ›Reiki‹ bedeutet die Energie der universellen Lebenskraft. Reiki ist eine wunderbare, einzigartige, tiefgreifende und sichere Technik, um die natürliche Energie der Lebenskraft in uns zu aktivieren und zu verstärken und diese Energie mit Hilfe einer präzisen, wissenschaftlichen Methode auf uns anzuwenden.

Reiki ist eine machtvolle und doch sanfte, eine subtile und doch sehr präzise Kunst und Wissenschaft zur Wiederherstellung erschöpfter Energie und zur Harmonisierung der natürlichen Energie in uns, wodurch Heilung, Wohlbefinden, Ganzheit, höheres Bewußtsein und letztendlich unsere Erleuchtung gefördert werden.

Reiki ist keine Religion, kein Dogma, keine Doktrin und kein Kult. Es ist auch kein ›Handauflegen‹ — wenn dies in einem religiösen Kontext verstanden wird, als eine Form des Heilens, die einen starken Glauben an eine bestimmte Religion erfordert. Reiki ist kein Glaubenssystem und wirkt auch nicht über Gedankenkraft, Hypnose oder Wunschdenken.

Was ist Reiki dann? Es ist eine natürliche Methode der Aktivierung von Energie. Es ist eine genau festgelegte Art und Weise, ›Lichtenergie‹ dazu zu benutzen, unsere eigene Lebensenergie wieder aufzufüllen und ins Gleichgewicht zu bringen — körperlich, seelisch und geistig — und uns mit unserem inneren Selbst, unserem Geist, zu verbinden. Dieses Buch bringt Dich mit dem Wesen von Reiki in Verbindung. Es ist auch ein Buch *über* Reiki, d. h. es enthält Beschreibungen. Die Erfahrung selbst kann es jedoch nicht vermitteln.

Indem ich klar und direkt ausdrücke, was Reiki seinem Wesen nach ist, und die Erfahrungen, die Menschen mit Reiki gemacht haben, anfüge, hoffe ich, Dein Verständnis davon zu erleichtern.

Reiki ist leicht zu lernen, vollständig sicher und ungefährlich, und es erfordert kein zusätzliches Wissen oder irgendeine besondere Ausstattung. Du kannst lernen, in beinahe jeder Situation, an allen Orten und zu jeder Tages- oder Nachtzeit, die Deinen persönlichen Bedürfnissen entspricht, Reiki anzuwenden. Ein veränderter Bewußtseinszustand ist dafür nicht erforderlich. Reiki läßt sich täglich mit gutem Erfolg auf Leiden wie Kopfschmerzen, überanstrengte Augen, körperliche Spannungen und Erschöpfung oder Müdigkeit und auch auf seelisch-geistige Reaktionen wie Angst, Depressionen, Furcht, Verschlossenheit und Wut anwenden. Es kann auch zur Heilung von chronischen Krankheiten und zur Zufuhr von Lebensenergie im Endstadium von Krankheiten eingesetzt werden. Und es ist für Menschen, die auf diesem Wege sind, ein genaues und subtiles Mittel, um persönliche Transformationen, höheres Bewußtsein und Erleuchtung zu erlangen.

Reiki ist jedoch nicht nur für den Krankheitsfall gedacht. Es ist eines der besten Mittel, die uns zur Verfügung stehen, um unsere Lebenskraft wieder aufzufüllen, unser Wohlbefinden aufrechtzuerhalten und Störungen vorzubeugen. ›Wohlbefinden‹, das heißt ein Zustand von Gesundheit, Wohlsein und Ganzheit − nicht nur das Fehlen von Krankheitssymptomen, sondern ein hohes Vitalitätsniveau, das von Natur aus und von Geburt an unser selbstverständliches Recht ist.

Wer kann Reiki lernen? Eigentlich ist jeder Mensch jeden Alters fähig, diese genaue, natürliche Technik, mit der wir unsere Energien ins Gleichgewicht bringen können, zu lernen. Die Grundvoraussetzung ist, daß Du auf dieser Existenzebene am Leben bist. Ich habe mit Erfolg Menschen im Alter von fünf bis dreiundneunzig Jahren Reiki beigebracht. Ich habe es gesunden Menschen gelehrt und Menschen mit verschiedenen Krankheitsgraden, einschließlich solcher, deren Leben hier zuende ging. Ich habe auch Blinde in Reiki unterwiesen und Menschen mit anderen schweren körperlichen, seelischen und geistigen Behinderungen.

Wer braucht Reiki? Du brauchst es — wenn Du lebst und *auf irgendeine Weise* jeden Tag Energie verbrauchst. Reiki ist für die Müden und Leidenden, die es auch müde und leid sind, müde und leidend zu sein! Und Reiki ist für alle, die gesund und ganz sind und vorhaben, es auch zu bleiben — ganz gleich wie alt sie sind!

Ich habe dieses Buch *Der Reiki Faktor* genannt, um die tiefe Bedeutung, die die Wiederentdeckung und Verfügbarkeit dieser wunderbaren alten Technik zur Aktivierung der Lichtenergie in uns und zur Wiederherstellung und Harmonisierung unserer Lebensenergie für jeden von uns hat, zum Ausdruck zu bringen.

Hauptziel dieses Buches ist, über Reiki zu sprechen, es Dir bekannt zu machen und zu zeigen, wie Du Reiki im täglichen Leben gebrauchen und Nutzen daraus ziehen kannst. Ein weiteres Ziel ist, Reiki in den modernen Rahmen des ›sogenannten‹ Neuen Zeitalters zu stellen, in das wir uns jetzt hineinentwickeln, und es mit dem sogenannten ›ganzheitlichen Modell‹ in Beziehung zu setzen.

Das Buch ist so angelegt, daß Du die Kapitel in beliebiger Reihenfolge lesen kannst — zuerst die, die Dich besonders interessieren, oder ordentlich von vorne bis hinten. Wenn Du sichergehen willst, daß Du ein umfassendes und tieferes

Verständnis von Reiki bekommst, solltest Du jedoch das ganze Buch lesen.

Viele, die schon an Reiki-Seminaren teilgenommen haben, haben Reiki das ›Geschenk des Universums‹ genannt, ›das kostbare Geschenk des Lebens‹. Und immer wieder wird mir gesagt: »Reiki ist die beste Investition, die ich je in meinem Leben gemacht habe« und »ich weiß gar nicht, wie jemand *ohne* Reiki leben kann!«

Letztendlich ist Reiki nicht Worte, ist es keine intellektuelle Debatte und auch kein emotionales Allheilmittel. Reiki ist eine einzigartige, individuelle *Erfahrung* davon, wie wir natürliche Energie in bestimmter Weise gebrauchen können, um ausgewogene Energien, Heilung, Ganzheit und echtes Wohlbefinden in unserem ganzen Sein und in unserem Leben zu fördern, ganz gleich, wer, wo oder wie alt wir sind. Wenn Du Reiki so, *wie es gelehrt wird,* regelmäßig in Deinem Leben anwendest, dann beteiligst Du Dich bewußt und direkt an dem Prozeß der Wiederherstellung Deiner Energie, an Deiner Heilung, der Erlangung von Ganzheit und der Förderung eines höheren Bewußtseins und der Erleuchtung in Dir, und zwar *Deinem eigenen natürlichen Prozeß* entsprechend.

Es ist mir eine Ehre, in Form dieses Buches Reiki mit vielen Menscnen zu teilen. Ich empfinde es als Privileg, öffentliche Vorträge über Reiki zu halten und Menschen in dieser unglaublich sanften Kunst und präzisen Wissenschaft zu unterrichten. Ich lade jeden Menschen ein, das Buch zu lesen, an einem Reiki-Seminar teilzunehmen und sich selbst die Erfahrung mit Reiki zu eröffnen. Inzwischen wünsche ich Dir viel Vergnügen mit dem Buch — lerne, wachse und laß es Dir gut gehen.

Barbara Ray
Atlanta, Georgia, Januar 1982

Danksagungen

Es gibt keine angemessenen Worte, um *allen* Menschen, die das Reiki-Zentrum in Atlanta, Georgia, und die Gründung und den Erfolg der American-International Reiki Association, Inc. unterstützt und Zeit und Mühe dafür investiert haben, meine tiefe Dankbarkeit auszudrücken.

Mein besonderer Dank gilt den Hunderten von Menschen, die Berichte über den tiefgreifenden Nutzen, den sie aus der Anwendung der Reiki-Technik bezogen haben, erbrachten. Sie werden ihre Beiträge überall in diesem Buch wiederfinden.

Vielen Dank an Terry S. Friedmann, M.D., den Direktor der Holistic Medical Clinic in Venice, Florida, und einen der Mitbegründer der American Holistic Medical Association, für seine Unterstützung meiner Arbeit im ganzheitlichen Gesundheitswesen und des Lehrerausbildungsprogramms der A.I.R.A.

Dank an Fred W. Wright, jr., Schriftsteller und Journalist; an Marvette Carter, Schriftstellerin, Lehrerin, Beraterin, für das Lesen und Kommentieren von Teilen des Manuskripts und an Nonie Greene und meine Mutter, Jean Brinkmann, für ihre stetige Unterstützung, ihren Humor und lange, mit dem Tippen der ›Rohfassung‹ des Manuskripts verbrachte Stunden.

Meinen lieben Freunden, den Ärzten, Psychotherapeuten und anderen Professionellen im Gesundheitsbereich, die Reiki, dieses Buch und meine Heilarbeit unterstützt haben, möchte ich an dieser Stelle meine spezielle Dankbarkeit ausdrücken.

Ewiger Dank gilt der verstorbenen Hawayo Takata für ihre tiefe Freundschaft und die volle Ausbildung in Reiki und Dr. Mikao Usui, der diese tiefgreifende Technik wiederentdeckte.

Und, last not least, gilt mein Dank meinen Eltern, die mir die Gelegenheit gaben, hier und jetzt in diesem Neuen Zeitalter der Menschheit zu sein, zu arbeiten und zu dienen.

Teil I

Das Schönste, was wir erleben können,
ist das Geheimnisvolle.
Es ist die Quelle aller wahren Kunst
und Wissenschaft.

Albert Einstein

1

Einleitung: Ein neuer Anfang

»Nur der Tag dämmert, für den wir wach sind.«

Thoreau

Denk bloß! Jeder Tag Deines Lebens ist eine Gelegenheit für einen neuen Anfang. Jeder Atemzug, den Du tust, ist eine Wiedergeburt. Du öffnest Dich erneut der Luft, die Dich mit den Schwingungen des Universums in diesem ganz bestimmten Augenblick verbindet. Das Ausatmen ist ein Loslassen des nun Vergangenheit Gewordenen, und der neue Atemzug hält Dich wieder im ›Hier und Jetzt‹ — in der immerwährenden Gegenwart.

Leben ist Energie, und Energie befindet sich in ständiger Bewegung, in einem Tanz von wirbelnden Spiralen. In jedem Augenblick Deines Lebens entfaltet sich ein neuer Teil der Spirale Deines Lebensprozesses. Das Wesen des Lebens ist Bewegung — nichts ist statisch. Bewegung und Veränderung sind die grundlegenden, natürlichen Energiegesetze, die Gesetze des Lebens.

Tatsächlich tust Du alles, was Du tust, zum ersten Mal. Du vergißt natürlich nicht, was Du einmal gelernt hast — es ist ein natürlicher Vorgang, aus der Vergangenheit zu lernen, ganz gleich, ob diese ein Jahr oder einen Augenblick zurückliegt, und das Gelernte in unser Sein zu integrieren. Jeder neue Atemzug bringt Dich ein Stück auf der Spirale voran, zu einer neuen Erfahrung. Jeden Augenblick bist Du anders als zuvor. Manche Menschen sind ›wach‹ für dieses natürliche Phänomen, d. h. sie sind sich dieses natürlichen Rhythmus' der in ihnen fließenden Lebenskraft bewußt und sind im Einklang damit. Alles, was sie tun, ist neu, persönlich und sehr lebendig! Diese Menschen kann man ›Meister‹ nennen.

Du bist auch ein ›Meister‹ — wir alle sind es! Angemessenes Reagieren auf das, was gerade ist, Flexibilität, Offenheit, Akzeptieren, mit dem natürlichen Fluß gehen und die Fähigkeit, das Wesen aller Dinge wahrzunehmen, all das sind Eigenschaften eines ›Meisters‹.

Nun, da Du dieses Buch über Reiki hast, mach Dir's bequem und gestatte Dir, für neue Ideen offen zu sein. Laß das Lesen dieses Buches eine Gelegenheit zum Lernen für Dich sein, zum Wachsen und zur Veränderung, wie auch zur Aufnahme neuer und zur Bestätigung schon vorhandener Ideen und Vorstellungen.

Der erste Teil dieses Buches handelt vom Wesen von Reiki. Benutze Deinen Kopf, Deine Gefühle und Deine Intuition, um dieses Wesen zu begreifen. Die Wörter dienen dazu, in Deinem Inneren ein Begreifen, eine Einsicht davon wachzurufen, was Reiki *seinem Wesen nach* ist — jenseits der durch die Wörter gegebenen Grenzen. Der zweite Teil des Buches beschreibt Anwendungsmöglichkeiten von Reiki im täglichen Leben und Erfahrungen, die viele andere Menschen mit Reiki gemacht haben. Alle Beispiele enthalten Beschreibungen von Reiki, aber das ist letztendlich nicht die Erfahrung selbst. Die Erfahrung kannst Du nur selber machen.

Wir können uns ewig über Schwimmen unterhalten, aber die Erfahrung von Schwimmen bekommt man, indem man's tut. Wir können viele Aspekte von Äpfeln erörtern, aber wirklich kennen lernen wir einen Apfel, indem wir ihn essen. Es gibt keine alleingültige Erfahrung von Reiki. Es ist nicht so, daß die Erfahrung eines Menschen mit Reiki ›richtig‹ und die eines anderen ›falsch‹ ist. Die Erfahrungen sind einfach nur verschieden. *Alle* Erfahrungen mit Reiki geben Aufschluß darüber, wie Reiki wirken kann und wirkt. Reiki ist Lebenskraft, universelle Energie. Reiki ist der Tanz der Lebensenergie.

Wie schon im Vorwort gesagt, ist das Buch in zwei Teile aufgeteilt, und Du kannst es in irgendeiner Reihenfolge, die Dir zusagt, lesen. Vielleicht interessiert Dich besonders, wie Du mit Hilfe von Reiki negative Belastungen loswerden oder Dich entspannen kannst. − dann möchtest Du vielleicht zuerst das Kapitel ›Streß, Entspannung und Reiki‹ lesen und dann die anderen Kapitel.

Du bekommst in jedem Kapitel Einsichten über Reiki, durch die Du seinen einzigartigen Prozeß besser verstehen wirst. Deshalb empfehle ich Dir, insgesamt doch das ganze Buch zu lesen.

Grundsätzlich bin ich so vorgegangen, daß ich zuerst den allgemeinen Kontext gebracht habe − Reiki als eine Methode des Neuen Zeitalters zum Energieausgleich, zum natürlichen Heilwerden, zum Erhalten echten Wohlbefindens und zum Erreichen höheren Bewußtseins −, und dann eine genauere Erörterung darüber, was Reiki ist und wie es wirkt und Beispiele, wie es im täglichen Leben verwendet werden kann.

Teil I stellt Reiki in Bezug zu unserer modernen Zeit, in der wir uns in einem Übergang zu einem neuen Zeitalter befinden. Dann folgen ein paar grundlegende Richtlinien zum Verständnis des ganzheitlichen Modells und von Reiki, gefolgt von einer vollständigen Erörterung darüber, was Reiki ist, wie die Technik wirkt und wo sie herkommt.

Teil II zeigt, wie Du die Reiki-Technik im täglichen Leben, entsprechend Deiner *eigenen persönlichen Bedürfnisse* anwenden kannst. Du siehst, daß das Reiki zugrundeliegende Grundprinzip auf alle Krankheiten und Unpäßlichkeiten angewandt werden kann, und daß die Reiki-Methode zu keiner medizinischen Behandlungsweise in irgendeinem Widerspruch steht oder sie stört. Ich habe eine große Auswahl von individuellen Beispielen aufgeführt, die Dir das Verständnis erleichtern sollen.

Anhang B schildert ein paar Ereignisse aus meinem Leben, die mich zu Reiki geführt und mir das Wissen gegeben haben, es zu erkennen. Die Fülle von direkten Erfahrungen mit Reiki habe ich durch meine Unterrichtätigkeit als Reiki-Lehrerin und durch viel Arbeit im Reiki-Zentrum erworben.

Das Verb ›heilen‹ (engl. to heal) stammt aus einer alten Wurzel, die bedeutet ›ganz machen‹ (engl. to whole) (wie im Deutschen ›heil‹ auch gleichbedeutend ist mit ›ganz, unversehrt‹; Anm. d. Übers.). Dieses ganze Buch hindurch habe ich das Wort ›ganz machen‹ (engl. ›wholing‹) als Synonym zu ›heilen‹ verwendet, um die Idee der Ganzheit zu übermitteln. Ich habe auch den Begriff ›Lichtenergie‹ geprägt, mit dem ich die universelle Lebenskraft-Energie von Reiki meine. Die energieaktivierenden Reiki-Übertragungen schließen Dich direkt an diese hohe Ebene natürlicher kosmischer Lichtenergie an. Du kannst diese Verbindung dann in der Dir am besten erscheinenden Weise benutzen: zum Heilen und Ganz-Machen, dazu, echtes Wohlbcfinden zu erhalten und sogar, um auf natürlichem Wege ein höheres Bewußtsein oder was manche Menschen ›kosmisches Bewußtsein‹ nennen, zu erlangen. In der modernen Physik ist die Frage nach dem Bewußtsein in Zusammenhang mit der

Quantentheorie aufgetaucht. Wie Robert Toben in ›Space, Time and Beyond‹ (Raum, Zeit und Jenseits davon) sagt, ist »Bewußtsein(…) die fehlende verborgene Veränderliche in der Struktur der Materie«.

Sowohl in diesem Buch wie auch in meinen öffentlichen Vorträgen und Seminaren versuche ich, das Wesen von Reiki und wie es wirkt mit so wenig Interpretationen *wie möglich* zu erörtern, weil Wörter begrenzt sind. Reiki ist eine Technik, um sich an die Lebenskraft-Energie anzuschließen und diese Energie zu benutzen. Was Du mit Reiki machst, hängt von den individuellen Bedürfnissen ab, die sich im Laufe Deines Lebensprozesses für Dich entfalten.

›Interpretieren‹ hat unter anderem die Bedeutung ›übertragen‹. Jeder weiß, daß bei mündlichen Interpretationen im Prozeß der Übertragung etwas verlorengeht. Wenn Du einem Freund über eine Erfahrung berichtest, ist es nie, auch wenn Du sie in Deinen eigenen Worten schilderst, ganz dasselbe wie die ursprüngliche Erfahrung.

Interpretationen setzen leicht Grenzen, packen die Dinge in Schachteln, lassen sie nicht in ihrem natürlichen Fluß von spiralförmig sich bewegender Energie.

Interpretationen enthalten oft Projektionen der eigenen psychologischen Blockaden und verändern oder färben dadurch das, was in Wirklichkeit da war. Interpretationen schaffen auch leicht Illusionen, d. h., sie halten Dich davon ab zu sehen, daß *ist, was ist*.

Interpretationen halten oft in der Vergangenheit gefangen und verleiten zu starrem Einordnen in Kategorien. Ich konnte Reiki noch am ehesten in die Kategorie ›Selbsthilfetechnik‹ einordnen — das trifft zu.

Manche Leute haben Reiki einfach als Körpertherapie eingestuft. Das stimmt teilweise. Wie jedoch dieses ganze Buch hindurch gezeigt wird, ist Reiki mehr als eine Körperbehandlung. Andere haben Reiki unter die Kategorie ›okkult‹ eingeordnet. ›Okkult‹ heißt: ›von übernatürlichem Einfluß, Kräften oder Phänomenen, mit solchen in Verbindung stehend, sich damit beschäftigend oder darin ausgebildet; jenseits menschlichen Verstehens; geheimnisvoll; rätselhaft‹. Nur in dem Maße, wie das Leben selbst geheimnisvoll ist, ist Reiki okkult. Sogar Albert Einstein anerkannte das Geheimnis des Lebens in seinen Worten: »Das Schönste, das wir erfahren können, ist das Geheimnisvolle. Es ist die Quelle aller wahren Kunst und Wissenschaft.«

Ich habe all die Jahre hindurch noch viele andere Interpretationen und Halbwahrheiten über Reiki gehört. Die meisten davon sind einfach Ausdruck der begrenzten Sichtweise der Menschen, die sie aussprechen. Ich meine das nicht als Werturteil, sondern mehr zur Unterscheidung. Wenn Du weiterliest, dann bleibe offen und nimm das Material mehr auf, als daß Du es interpretierst. Laß Dich von den Worten führen und nicht behindern, laß ihre Bedeutung in Dir Widerhall finden und sich an schon Vorhandenes anschließen. Auf diese Weist entdeckst Du für Dich selber, was Reiki ist. Die direkte Erfahrung von Reiki, ohne Wörter dazwischen, bekommst Du, wenn Du an einem Reiki-Seminar teilnimmst. Reiki ist seinem Wesen nach eine befreiende, erlösende, heilende, natürliche Energie.

Wie oben erwähnt, habe ich in Anhang B ein paar Einzelheiten meiner Reise zu Reiki angefügt, und darüber, wie meine akademischen Studien mir ermöglichten, es zu erkennen. Tief in mir hatte ich gewußt, daß diese alte Technik, aus dem Inneren eines Menschen Lebensenergie von hohem kosmischen Rang zu aktivieren, noch auf diesem Planeten zu finden war. Ich wußte nur nicht wo. Nach und nach entfalteten sich in meinem Leben bestimmte Ereignisse, die mich in direkten Kontakt mit Reiki brachten, die mein Leben verwandelten und mir all die Dimensionen des Seins eröffneten, von deren Existenz ich gewußt hatte.

2

Ein neues Zeitalter bricht an

*»In der menschlichen Masse gibt es,
ebenso wie in der Welt der organischen Materie,
in der Erdkruste oder im Universum, bestimmte ›Ereignisse‹;
und so gibt es auch gewisse priviligierte Wesen,
die bei solchen Ereignissen zugegen sind und daran teilhaben.«*

Pierre Teilhard de Chardin

Diese priviligierten Wesen, die einen der wichtigsten Augenblicke der menschlichen Geschichte gemeinsam erleben, sind wir, Du und ich. Wir erleben eines jener ›Ereignisse‹ in der menschlichen Masse, die Chardin meinte. ›Anbruch des Wassermannzeitalters‹ wird es oft genannt. Dies scheint eine Phase tiefgreifender Veränderung zu sein. Wir treten vom ›Fischezeitalter‹ ins ›Wassermannzeitalter‹, vom industriellen ins technologische oder Raumfahrtzeitalter ein.

Wir leben in einer Zeit, wo zivile Unruhen und politische Umwälzungen fast alltäglich sind. Terroristen benützen Regierungen und Geiseln für ihre Machtspiele, die Inflation scheint außer Kontrolle zu geraten, Attentäter richten ihre Waffen wahllos auf politische wie religiöse Führer, viele Kassandras des zwanzigsten Jahrhunderts verkünden uns allen den Weltuntergang, und Eltern sind ratlos gegenüber der Beziehung ihres Kindes zu Computergeräten.

Inmitten der weltweiten Verwirrung, inmitten der Konflikte, des Chaos und des verhängnisverkündenden Prophetengeschreis scheint jedoch eine neue Kultur zu entstehen. Ein neues Modell zeichnet sich ab — die Geburt eines neuen Zeitalters erweiterten menschlichen Bewußtseins. Was uns in dieser Zeit so verwirrt und doch auch herausfordert, so ängstigt und doch auch inspiriert, ist die Erkenntnis, daß eine tiefe Veränderung und Wandlung viele Einzelne und auch ganze Gruppen von uns überall auf dem Planeten für eine neue Ebene menschlichen Bewußtseins wachrüttelt.

Das traditionelle Symbol für das Wassermannzeitalter ist interessanterweise der Wasserträger — ein voll erwachter Mensch, der für alle Erdenbewohner Wissen symbolisierendes Wasser ausgießt. Wer von diesem Wasser trinkt, wird in einen höheren Bewußtseinszustand versetzt, einen höheren Zustand des Seins. Dieses Symbol macht deutlich, daß das Wassermannzeitalter für die gesamte Menschheit eine Zeit des Wachstums, der Veränderung und Wandlung sein wird.

Das Wissen und die Kraft der Veränderung stehen jedem Menschen zur Verfügung. Jeder kann lernen, sich bewußt mit dieser inneren Kraft zu verbinden. Auf einer anderen Ebene stehen das Wissen und die Kraft zur Transformation vielen Nationen zur Verfügung — in Albert Einsteins berühmter Formel $E = mc^2$. Wir haben die Wahl, ob wir unsere Technologie, unsere Macht und unsere Energie für Krieg oder Frieden einsetzen, ob wir Haß oder bedingungslose Liebe fördern, ob wir uns selbst vernichten, oder eine neue Weltordnung schaffen wollen. Der Schlüssel liegt in unserem Bewußtsein. ›Sein oder nicht sein‹ ist immer noch für uns alle Hauptthema der Überlegungen.

Die gute Neuigkeit ist, daß dieses Wassermannzeitalter sich während der nächsten zirka zweitausendfünfhundert

Jahre entfalten wird. Ich finde es hilfreich, diese Zeitspanne im Sinn zu behalten. Aus der ganzheitlichen Perspektive von Hunderten von Jahren betrachtet, lassen sich die Stadien dieses Entfaltungsprozesses in ein neues und höher entwickeltes Zeitalter der Menschheit leichter erkennen. Was wir gerade erleben, ist die Geburt, die Übergangsphase in einen neuen Zyklus menschlichen Lebens und Bewußtseins. Der Übergang zu diesem neuen Zeitalter hat während dieses letzten Jahrhunderts begonnen. Überall auf diesem Planeten dämmert ein neues *Licht* herauf.

»Eine neue Zivilisation nimmt in unserem Leben Gestalt an, und überall versuchen blinde Menschen, sie zu unterdrücken«[1], wie Alvin Toffler das so kurz und treffend in seinem Buch *The Third Wave* ausdrückt.

Dann erinnert er uns eindringlich, daß »das Heraufdämmern einer neuen Zivilisation allein die brisanteste Tatsache in unserer Lebenszeit ist«.

Übergangsphasen sind sowohl in der Geschichte der Menschheit als auch im Leben des Einzelnen immer von Konflikt und Verwirrung gekennzeichnet. Die alten Seinsmuster und Existenzformen leisten den entstehenden neuen Mustern und Wahrnehmungsweisen immer Widerstand. So sind auch in dem Wandlungsprozeß, den unser ganzer Planet im Augenblick durchmacht, Kämpfe und Konflikte, Verzweiflung und Tod, Zeichen der Geburt einer neuen Phase der menschlichen Evolution.

Das herausragendste Merkmal dieses neuen Zeitalters der Menschheit ist ein erwachendes Bewußtsein in der Menschheit als Ganzes.

In ›Die sanfte Verschwörung‹ beschreibt Marilyn Ferguson es als »neues Bewußtsein — das Erscheinen einer erstaunlichen Weltsicht, die bahnbrechende wissenschaftliche Erkenntnisse und Wissen aus den frühesten Aufzeichnungen menschlichen Denkens in sich vereint«. Wie in diesem ganzen Buch gezeigt werden wird, ist Reiki eine Tausende von Jahren alte Technik, die aus der Vergangenheit der Menschheit wiederentdeckt wurde. Reiki ist eine Verbindung mit der Lichtenergie und auch eine präzise Selbsthilfe- und Verwandlungstechnik; es ist sowohl eine Kunst als auch eine Wissenschaft und kann von fast jedem Menschen leicht und gefahrlos erlernt werden. In Kapitel 8 wird das Wiedererscheinen von Reiki als eine Methode des neuen Zeitalters geschildert.

Bewußtseinserweiterung bedeutet ein Überschreiten der alten Grenzen und ein sich Ausweiten in einen größeren Raum. Um zum Beispiel einem Kind begreiflich zu machen, daß die Welt mehr umfaßt als sein Zuhause, könnte man ihm ein Modell von einem Zuhause, der Straße in der es lebt, der Stadt und dem Land geben. In dem Maße, wie es eine größere Perspektive verstehen kann, kann es ein erweitertes Modell vom Heimatland, anderen Ländern, ›Planeten‹ bekommen. Nur an dem Modell vom ›Zuhause‹ festzuhalten, würde eine ernsthafte Beschränkung unserer menschlichen Fähigkeit zu begrifflichem Wachstum bedeuten. Wenn wir das Verstehen, das wir aus unserem Modell von ›Zuhause‹ gewonnen haben, behalten, uns aber auch zum Bewußtsein von ›Welt‹ und schließlich von ›Universum‹ oder ›Kosmos‹ erweitern, erleben wir unsere angeborene Fähigkeit zu ständiger Bewußtseinserweiterung.

Fast zweihundert Jahre lang hat Isaak Newtons Modell eines mechanisch und wie ein Uhrwerk funktionierenden Universums die moderne Physik beherrscht. Das Newtonsche Gesetz war im wesentlichen eines von Ursache und Wirkung, das sich mit Billardkugeln, die aneinanderstoßen und sich als Reaktion darauf in vorhersehbaren Bahnen bewegen, demonstrieren ließ. Die Newtonsche Sichtweise war linear und mechanistisch. Die fortschreitende wissenschaftliche Forschung, die zum größten Teil auf Newtons Modell aufbaute, fand jedoch in zunehmendem Maße Daten, die nicht mit diesem Rahmenmodell übereinstimmten.

Zu Beginn dieses Jahrhunderts brachte Einsteins Relativitätstheorie ein neues und erweitertes Muster zum Verständnis des Universums. Das alte Modell war nicht gänzlich falsch, aber das neue von Einstein angebotene Muster ging über die von Newton gesetzten Grenzen hinaus und erforderte eine umfassendere, ganzheitliche Sichtweise. Es ermöglichte den Wissenschaftlern ein enorm gesteigertes Verständnis des Universums. Auch in unserem täglichen Leben haben diese neuen Perspektiven durch technologische Neuerungen unzählige Veränderungen gebracht. Wir merken sie in der Küche und im Büro, im Körper und im Geist. Wir leben nicht mehr in der Vergangenheit.

Ein neues Muster verwandelt durch seine erweiterte Sichtweise das alte Wissen und enthüllt unserer Forschung und Erfahrung neue Dimensionen. In der Dynamik dieses neuen Zeitalters eines sich erweiternden Bewußtseins wird der paradigmatische Wechsel von einer mechanistischen zu einer ganzheitlichen Sichtweise deutlich. Es stimmt natürlich, daß es in der ganzen Geschichte der Menschheit immer wieder einzelne Menschen und sogar kleine spezialisierte Gruppen gegeben hat, die ein ›ganzheitliches Bewußtsein‹ hatten. Die gute Neuigkeit der heutigen Welt ist jedoch, daß überall auf der Welt Millionen von Menschen aus allen Gesellschafts-, Berufs- und Bildungsschichten sich dieses Modells, dieser ganzheitlichen Vision, bewußt werden.

Der Entwicklungsprozeß dieses neuen Zeitalters der Menschheit hat tatsächlich schon begonnen. Und mit ihm ist die alte Technik von Reiki wieder aufgetaucht − ein Werkzeug der Verwandlung, der Harmonisierung von Energien, des natürlichen Heilens und Ganzwerdens, ein Mittel, um Frieden, Freude und Liebe zu schaffen und letztendlich höheres Bewußtsein und Erleuchtung zu erlangen.

3

Das ganzheitliche Modell

»Der Übergang von der mechanistischen
zur holistischen Auffassung der Wirklichkeit
kann sehr wohl zu einer Umwälzung ungeahnten
Ausmaßes führen.«

Fritjof Capra

Das Wort ›holistisch‹ (ganzheitlich) kommt vom griechi-
schen Wort *holos* und bedeutet, etwas aus dem funktionel-
len Zusammenspiel all seiner Teile zu betrachten. Das ganzheitliche Muster bietet im Wesentlichen ein dynamisches
Modell, um alles als organische Ganzheit betrachten zu können. Im Wörterbuch steht als Definition von ›ganz‹ unter
anderem: »alle dazugehörigen Teile umfassend, nicht in
Einzelteile zerlegt, sondern vereint und wiederhergestellt,
gesund und *geheilt*«.

Indem wir in unserem täglichen Leben Prinzipien der
Ganzheit geschickt anwenden, entwickeln wir eine Perspektive, die unsere innere Sensibilität für unser ganzes Sein erhöht − das physische, das emotionale, das mentale und das
geistige. Ebenso versetzt uns dieser Verwandlungsprozeß zu
einem ganzheitlichen Modell in die Lage, uns selber in unse-

ren äußeren Beziehungen mit anderen Menschen und mit unserer Umgebung klar zu sehen. Durch den Übergang zu einem ganzheitlichen Modell erweitern wir uns zu einem Bewußtsein, das unser ganzes Leben tiefgreifend verändert. Wir öffnen uns für umfassende Einsichten und für ein neues Vertrauen in den Entfaltungsprozeß unseres Lebens.

Die ganzheitliche Perspektive verändert unsere Sichtweise: sie wird jetzt eher einschließend sein als ausschließend, eher expandierend als begrenzend, eher kugelförmig als viereckig, und wir können so das ganze Muster sehen, die einzelnen Teile in Beziehung zueinander setzen, anstatt sie als isolierte Einzelteile zu sehen.

Auf dem Papier ist das ganzheitliche Modell ein Kreis oder ein Mandala, das statisch flach und zweidimensional aussieht. In Wirklichkeit und im Bewußtsein ist dieses Modell in Bewegung, wie die spiralförmig gegen den Uhrzeigersinn kreisende Energie eines Spiralnebels. Leben ist Bewegung. Leben ist vieldimensional.

Mit dem ganzheitlichen Modell können wir die innere Verbundenheit aller Dinge sehen und intuitiv erfassen. Wir können den natürlichen Fluß der Energie erkennen. Seit Menschengedenken haben östliche Mystiker von der Reinheit und der inneren Verbundenheit aller Naturerscheinungen gesprochen. Alles wurde als Ausdruck einer zugrundeliegenden Einheit und als Teil eines größeren kosmischen Ganzen gesehen. Die Physik des zwanzigsten Jahrhunderts enthüllt nun, daß diese Ganzheit eine universale Realität ist. In ›Der kosmische Reigen‹ spricht Fritjof Capra davon, daß die Untersuchung subatomarer Teilchen ›dieselbe Einsicht‹ enthüllt hat, »daß die Bestandteile der Materie und die Grundphänomene, die sie bedingen, alle miteinander verbunden, aufeinander bezogen, voneinander abhängig sind, daß sie nicht als isolierte Einheiten verstanden werden können, sondern nur als integrierte Teile des Ganzen«.

In unserer persönlichen Suche nach uns selbst beginnt die Reise oft bei den äußeren Formen und bewegt sich auf innere Erfahrungs- und Wissensebenen zu. Wir werden also mit Konzepten der ganzheitlichen Gesundheit beginnen und dabei im Bewußtsein behalten, daß diese Prinzipien sowohl auf die physischen Dimensionen unseres Seins zutreffen, als auch auf unsere emotionalen, mentalen und geistigen Aspekte.

Das Konzept ganzheitlicher Gesundheit und ganzheitlichen Lebens ist am besten in Aussagen wie: »Das Ganze ist größer als die Summe seiner Teile« oder »ein Haus ist mehr als eine Ansammlung von Steinen« ausgedrückt. Ein ganzheitlicher Ansatz zum Leben bedeutet, daß wir alle Teile zusammen sehen und auch das, was die Harmonie zwischen den Teilen aufrechterhält. ›Das, was die Harmonie aufrechterhält‹ ist die Dimension, die ich in diesem Buch als die ›spirituelle‹ bezeichne. Das bedeutet ganzheitlich gesprochen, daß das Leben außer aus unseren körperlichen, gefühlsmäßigen oder intellektuellen Erfahrungen auch aus einer ›spirituellen Dimension‹ besteht, dem Wesenskern, und jeder hat ihn!

Wenn wir die ganzheitlichen Prinzipien auf unsere Gesundheit anwenden, dann verändert sich unser Modell, unsere Sichtweise, und wir denken nicht mehr mechanistisch (monistisch), sondern ganzheitlich. Die mechanistische Sichtweise, die die moderne westliche Medizin bislang buchstäblich beherrscht hat, sieht den Körper als eine Maschine, bestehend aus Teilen, die getrennt behandelt werden müssen. Die Betonung liegt auf dem physischen Körper, und den emotionalen, mentalen und spirituellen Dimensionen unseres Seins wird wenig oder keine Aufmerksamkeit geschenkt. Der mechanistische Ansatz ist nicht falsch — er erkennt die Notwendigkeit, einen verletzten oder kranken Teil des physischen Körpers zu behandeln. Es besteht hier jedoch die Neigung, die größere Wahrheit auszuschließen, nämlich die, daß *alle* Teile unseres Seins für den Heilungsprozeß oder um Wohlbefinden und Ganzheit aufrechtzuerhalten, aktiviert werden müssen.

Im Gegensatz dazu zieht der ganzheitliche Ansatz so viele Aspekte wie möglich in Betracht. Laß uns zum Beispiel einmal annehmen, daß Du als Kind in der Schule hingefallen bist. Körperlich hast Du nur einen blauen Flecken oder einen Kratzer davongetragen. Die körperliche Verletzung wurde behandelt, und Du wurdest in die Klasse zurückgeschickt. Nun stell Dir aber vor, daß Du bei Deinem Fall nicht nur den körperlichen Schmerz gespürt hast, sondern auch die emotionale Reaktion: Verlegenheit, Minderwertigkeitsgefühle, Beschämung, weil Deine Klassenkameraden Dich auslachten. Dazu kam vielleicht Deine mentale Reaktion: Du hast Dir gewünscht, Du wärst nicht da, oder vielleicht dachtest Du, Du hättest etwas falsch gemacht und würdest von Gott bestraft. Jetzt stell Dir vor, daß viele Jahre vergangen sind und Du als Erwachsener schwer verletzt oder krank bist. Der kleine Zwischenfall in der Schule ist Dir längst nicht mehr bewußt, aber Deine körperliche Notlage ruft die alten Gefühle von Verlegenheit, Minderwertigkeit und Beschämung hervor. Du verbringst viel Zeit damit, Dir zu wünschen, Du wärest nicht in diesem Zustand und Du fühlst Dich von Gott bestraft, oder leugnest vielleicht sogar die Existenz einer göttlichen Intelligenz im Kosmos.

Im Gegensatz dazu werden mit einer ganzheitlichen Sichtweise in einer solchen Situation alle oben erwähnten Reaktionen miteinbezogen. Es wird nicht nur die körperliche Verletzung oder Krankheit mit verschiedenen Körpertherapien behandelt — man würde sich zusätzlich um Therapien für die emotionalen, mentalen und spirituellen Dimensionen bemühen. »Ein Haus ist mehr als eine Ansammlung von Steinen« − und Du bist tatsächlich mehr, als eine Ansammlung von Knochen mit Gefäßen und Organen!

Der mechanistische Ansatz neigt dazu, Symptome zu behandeln, wohingegen der ganzheitliche Ansatz nach wiederkehrenden Mustern sucht.

Sowohl die Symptome als auch ihre Ursachen werden untersucht und behandelt, und der Betreffende hat so die Gelegenheit, auf vielen Ebenen seines Seins zu wachsen. Krankheit, Schmerz und andere Notsignale werden als wichtige Informationen über Konflikte, Unausgewogenheit im Energiehaushalt und Disharmonie der verschiedenen Elemente innerhalb des Menschen betrachtet. Krankheit auf irgendeiner Ebene unseres Seins wird als ein Bewußtseinserweiterungsprozeß angesehen, indem er nämlich unsere Sensibilität für die ineinander verwobenen Energiefelder der körperlichen, emotionalen, mentalen und geistigen Dimensionen unseres Seins erhöht. Im ganzheitlichen Modell geht es hauptsächlich um den integrierten, ganzen Menschen. Wenn wir uns in unserem Leben mit weniger zufrieden geben, bedeutet das eine Beschränkung unseres angeborenen Wachstumspotentials − wir verzichten auf unser angeborenes Recht auf Gesundheit, Ganzheit und Erleuchtung.

Im mechanistischen Gesundheitsmodell liegt die Betonung hauptsächlich darauf, daß jemand anderer uns heilen kann. Wir haben vielleicht schon als Kind gelernt, daß, wann immer wir krank, erschöpft, oder in irgendeiner Weise körperlich nicht in Ordnung waren, jemand anderer die Verantwortung hatte, uns wieder heil zu machen. Die Botschaft, die uns übermittelt wurde, war, unsere Heilung außen zu suchen und unsere *Macht* zur Wiederherstellung unserer eigenen Gesundheit an jemanden anderen abzugeben. Das konnte leicht zu einem Gefühl des Verlustes der Macht über unser eigenes Leben führen, zu Gefühlen von Hilflosigkeit, Depression und Niederlage. Es hat vielleicht dazu geführt, daß wir dem Arzt, der versucht, uns zu helfen, grollen, wenn die Heilerfolge sich nicht wie gewünscht einstellen oder zusätzliche Komplikationen auftauchen. In solch einem Zustand bekommen wir wahrscheinlich das Gefühl, wertlos und machtlos zu sein und nicht die geringste Kontrolle über unseren Lebensprozeß zu haben.

Der mechanistische Ansatz ist auch hier nicht falsch: andere Menschen *können* uns schon helfen. Seine Sichtweise ist jedoch zu eng. Im Gegensatz dazu geht das ganzheitliche Modell von der Grundvoraussetzung aus, daß *wir* die Verantwortung für unseren Heilungsprozeß und die Aufrechterhaltung unserer Gesundheit selbst übernehmen. Es wird dabei von der Annahme ausgegangen, daß wir als lebendige, aktive Menschen eine gewisse grundlegende Macht über unser Leben *haben,* daß wir intelligente Entscheidungen für uns treffen *können* und daß wir in uns die Kraft *haben,* unsere Gesundheit wiederherzustellen und zu erhalten. Das ganzheitliche Modell verlagert die Verantwortung für Wohlbefinden und Gesundheit wieder auf den Einzelnen selbst und bietet uns so Gelegenheit zu der Erkenntnis, daß wir auf ganz wesentliche Weise *für unser Leben selbst verantwortlich sind.* Wenn unser persönliches Bewußtsein ein ganzheitliches wird, heißt das nicht unbedingt, daß wir jetzt nie mehr Hilfe und Anleitung von irgendjemand anderem suchen werden. Die Beziehung zwischen uns und dem betreffenden anderen wird jedoch keine Beziehung von Abhängigkeit, Machtlosigkeit und Hoffnungslosigkeit sein, sondern ein Miteinander, eine Unterstützung, eine wechselseitige Beziehung.

Es ist auch wichtig zu bemerken, daß im herkömmlichen mechanischen Ansatz die Behandlung im allgemeinen erst dann beginnt, wenn eine Krankheit deutlich zum Ausbruch gekommen ist. Vorbeugenden Maßnahmen oder der Entwicklung einer ganzheitlichen Wissenschaft wird wenig oder keine Aufmerksamkeit geschenkt. Der ganzheitliche Ansatz mit seiner umfassenden Sichtweise kümmert sich nicht nur um die akute Krankheit, sondern unterstreicht auch die Bedeutung von Vorbeugemaßnahmen und ermutigt den Einzelnen, eine seinen Bedürfnissen und Vorlieben und seinem Lebensstil angemessene Vorsorge für sein Wohlbefinden und seine Ganzheit zu entwickeln. Ein führender Vertreter der ganzheitlichen Medizin, Dr. Harold Bloomfield, meint dazu: »Man kann mit Überzeugung behaupten, daß die moderne Medizin in der Behandlung von Krankheiten so erfolgreich ist wie nie zuvor, sich aber in der Gesundheitsvorsorge praktisch als unfähig erwiesen hat.«[1]

Wenn unser Bewußtsein von einem mechanistischen zu einem ganzheitlichen Modell überwechselt, sehen wir uns nach Hilfsmitteln um, die in sich selbst so angelegt sind, daß sie das Bewußtsein auf allen Ebenen unseres Seins erweitern; Techniken, die die Integration aller Dimensionen unseres Seins, der körperlichen, emotionalen, mentalen und spirituellen, aktivieren und fördern. Marilyn Ferguson sagt dazu sehr passend: »Der Unterschied zwischen zufälliger Transformation und der Transformation mit Hilfe eines Systems entspricht dem Unterschied zwischen einem Blitz und einer Lampe. Beide geben Licht, aber der Blitz ist gefährlich und unzuverlässig, während die Lampe relativ sicher, gelenkt und verfügbar ist.«[2] Reiki ist in sich selbst ein vollständiges und ungefährliches System zur Erlangung von persönlicher Heilung und Ganzheit und um uns auf allen Ebenen gleichzeitig zu verwandeln. Es ist im wesentlichen eine Verbindung mit natürlicher Energie, ein Weg, um die Kraft in unserem Inneren zu aktivieren und zu stärken. Als natürliche Methode zur Energieharmonisierung ist Reiki sicher und leicht zu gebrauchen.

Reiki ist auch eine besondere Technik, um natürliche Energie in einer Weise zu lenken, daß unser ganzes Sein in einem *Prozeß, der ganz allein und von Natur aus unser eigener ist,* transformiert und erleuchtet wird. Im Gegensatz zu vielen anderen Techniken und Therapien kann Reiki wirksam mit anderen Methoden der Heilung und Transformation kombiniert werden. Bei der Erweiterung zu einem ganzheitlichen Ansatz von Gesundheit und Leben liefert Reiki uns eine direkte Methode, unsere Kraft zu aktivieren. Mit Reiki können wir auf natürliche Weise die Verantwortung für unsere eigene Gesundheit und unser Wohlbefinden übernehmen. Reiki bewirkt auch, daß wir uns gegenüber körperlichen, emotionalen, mentalen oder spirituellen Kämpfen und Unausgewogenheiten sehr viel weniger hilflos und machtlos fühlen. Außerdem gibt es uns bei richtiger Anwendung eine wichtige Vorsorgetechnik und ein Mittel, um ganz gleich, wie alt wir sind, Wohlbefinden zu entwickeln und uns gesund und ganz zu erhalten.

Zusammenfassend kann man die Frage ›was ist ganzheitliche Gesundheit und ganzheitliches Leben?‹ dahingehend beantworten, daß das ganzheitliche Modell einen Ansatz zum Leben bietet, der die Wichtigkeit der Integration betont. Die Wichtigkeit, alle Ebenen unseres Seins — die körperliche, emotionale, mentale und spirituelle — in jeden Aspekt unseres Lebens zu integrieren. Wenn wir dieses ganzheitliche Modell auf Gesundheit und Heilung und auf das tägliche Leben anwenden, dann werden alle Dimensionen unseres Selbst als wichtig, wenn auch ihrer Natur nach verschieden, in Betracht gezogen. Die ganzheitliche Sichtweise vermittelt uns eine Bewußtheit über unsere eigene Einzigartigkeit und eine Sensibilität für eine größere Vision von uns selbst in Beziehung zu anderen, denen wir im Verlauf unseres sich entfaltenden Lebensprozesses begegnen.

Unser sich erweiterndes Bewußtsein macht uns auch auf neue Weise für unser Einssein mit allen Menschen empfindsam. Wir lernen die wunderbare Vielfalt der Lebensformen in tieferer Weise schätzen. Indem wir uns eine ganzheitliche Sichtweise zu eigen machen, können wir jeden Tag die Erkenntnis eines neuen Bewußtseins feiern, die Erkenntnis unserer grundlegenden Einheit in der Vielfalt.

Reiki ist eine Selbsthilfetechnik und ein einzigartiger Weg, mit der Kraft des Lebens in Berührung zu kommen, unsere eigene Heilung und Ganzwerdung zu fördern, uns echtes Wohlbefinden zu erhalten und uns auf natürliche Weise für ein höheres Bewußtsein zu öffnen, und Reiki kann leicht, gefahrlos und wirksam mit jeglicher anderer Therapie, oder was immer wir an Hilfsmitteln in unserem täglichen Leben verwenden, kombiniert werden.

4

Was ist Reiki?

»Reiki ist Weisheit und Wahrheit.«

Hawayo Takata

Die moderne Wissenschaft hat die Welt mit erstaunlicher Spitzfindigkeit analysiert. Die materielle Welt ist in immer feinere Teilchen zerlegt worden, nur um schließlich zu entdecken, daß wir tief innen, im letzten Kern dessen, ›was ist‹, auf Energie stoßen. Wir haben die einfache Wahrheit entdeckt, daß zuerst Energie da ist und dann Materie, ebenso wie zuerst Gefühle und Gedanken da sind, bevor eine Handlung geschieht.

Vor über 4500 Jahren stellten die Chinesen die Behauptung auf, daß ein feines System lebenserhaltender Energie die lebendigen Körper durchzieht. Diese Energie wird ›Ki‹ genannt. *Ki* ist die grundlegende *Lebenskraft* in allem Lebendigen, und genau diese Bedeutung hat die Nachsilbe des Wortes Reiki.

Allen östlichen Heilweisen liegt das Konzept zugrunde, daß *Ki* die vitale Lebenskraft ist, von der alles physische Leben abhängt. Auf Chinesisch heißt *Ki Chi.* Auf Hindu ist es *Prana,* und auf Deutsch kommen die Wörter Atem oder

Lebenskraft der Bedeutung von *Ki* am nächsten. Die russischen Forscher haben diese Kraft *bioplasmische* Energie genannt. Hippokrates nannte sie die *Lebenskraft* der Natur, die Kahunas nannten sie *Mana,* und Christus nannte sie *Licht.* Sie ist auch als kosmische Energie, Bioenergie und Vitalkraft bezeichnet worden. Die Harmonie, die Menge und das Gleichgewicht dieser Lebenskraft von *Ki* in uns ist für unsere Gesundheit und unser gutes Funktionieren wesentlich. Die *Ki*-Energie ist der Elektrizität verwandt, sie ist jedoch feiner als diese.

Die körperlich-geistige Harmonie oder Disharmonie, die wir in unserem täglichen Leben empfinden, steht in Relation zum Zustand der *Ki*-Energie in unserem Organismus. Das Gleichgewicht, die Menge und die Qualität unserer *Ki*-Energie wird von verschiedenen Faktoren beeinflußt, wie zum Beispiel der Qualität der Luft in unserer Umgebung, von unserer Nahrung, der Menge und Art der Belastungen, denen wir ausgesetzt sind, von Erbfaktoren und Umwelteinflüssen. Um uns körperlich, emotional, mental und geistig im Gleichgewicht zu halten, brauchen wir eine reine Quelle, um unsere Lebenskraft *(Ki)* wiederaufzufüllen.

Bei unserer Geburt bringen wir ein gewisses Maß an *Ki,* an vitaler Energie, mit. In unserem täglichen Leben verbrauchen wir verschiedene Mengen von Energie. Deshalb brauchen wir jeden Tag natürliche Quellen, um unseren Energieverbrauch wieder auszugleichen. Wenn wir über längere Zeit mehr Energie verbrauchen, als wir auf allen Seinsebenen hereinbekommen, dann treten oft körperliche emotionale und mentale Störungen oder Krankheiten auf. Wenn unsere Lebenskraft gering oder erschöpft ist, neigen wir zu körperlicher Müdigkeit und Krankheit und auch zu emotionaler und mentaler Erschöpfung. Wir werden vielleicht gereizt, ärgerlich, feindselig oder sogar paranoid. Wir können möglicherweise nicht mehr klar denken, sind dauernd müde, erschöpft oder sogar deprimiert. In solch energieleeren Zuständen ist es ziemlich schwierig für uns, uns geistig erhoben oder inspiriert zu fühlen.

Reiki (ree—ki ausgesprochen) ist ein japanisches Wort und bedeutet ›universelle Lebensenergie‹. Es bezeichnet auch eine spezifische Technik zur Wiederherstellung und Harmonisierung unserer natürlichen Lebensenergie. Reiki ist weder ein Dogma noch eine Religion. Es ist vielmehr eine vollständige wissenschaftliche Methode zur Selbstheilung und um unsere Gesundheit und ein Gefühl von körperlichem, emotionalem, mentalem und geistigem Wohlbefinden aufrechtzuerhalten. Reiki ist eine wirksame Technik, um Krankheiten und Unausgewogenheiten der Energie auf allen Ebenen unseres Seins vorzubeugen. Reiki ist außerdem ein einzigartiges und sehr wirksames Hilfsmittel für persönliches Wachstum. Reiki kann mit jeder anderen medizinischen oder sonstigen Therapie und mit jedweden sonstigen Methoden, die wir für unser persönliches Wachstum anwenden, kombiniert werden. Es steht nicht im Widerspruch zur herkömmlichen Medizin, sondern kann als zusätzliche Quelle zur Wiederherstellung eines gesunden Energieniveaus und zur Förderung von Gesundheit und Wohlbefinden eingesetzt werden.

Die natürliche Heilmethode von Reiki dient dazu, unsere Aufnahme von vitaler Lebenskraft systematisch zu stärken. Wenn sich in unserem physischen Körper Spannungen aufbauen oder in unserem Denken oder unseren Gefühlen Blockierungen eintreten, kann der Fluß unserer Lebensenergie zum Stillstand kommen und sich übermäßig erschöpfen. Es erfolgt ein körperlicher und emotionaler Zusammenbruch. Wir sehen die Dinge wie durch einen Nebel und haben manchmal das Gefühl, daß wir uns nie erholen werden. Die konstanten Belastungen und der tägliche Druck, wie sie für unser modernes Leben charakteristisch sind, führen oft dazu, daß wir uns von unserer natürlichen Heilenergie in zunehmendem Maße entfernen.

Indem Du die Reiki-Technik wirklich anwendest, kannst Du allmählich wieder zu einem Energiegleichgewicht gelangen. Nachdem Du genügend *Ki* für Deine normale Funktionsfähigkeit aufgenommen hast, kannst Du auch Energiereserven aufbauen und speichern. Die Reiki-Methode führt Deinem Körper Energie zu. Sie reguliert und harmonisiert den *Ki*-fluß *Deinen* persönlichen Bedürfnissen entsprechend. Du arbeitest dabei direkt mit natürlicher Energie.

Mit Reiki wirkst Du direkt auf die Ursachen von Krankheiten und Störungen ein, anstatt nur die Symptome zu behandeln. Symptome sind wichtige Signale dafür, daß etwas aus dem Gleichgewicht ist und daß Du Energie verbrauchst, ohne sie in genügendem Maße wieder aufzufrischen. Um eine echte Heilung zu erreichen, muß jedoch die Ursache des Symptoms behandelt und aufgelöst werden. Du wirst also, wenn Du die Reiki-Technik anwendest, möglicherweise auch hinsichtlich der äußeren und inneren Gegebenheiten, die Deinen Energiehaushalt beeinflussen, etwas unternehmen müssen. Reiki hilft Dir, körperlich, emotional, mental und geistig wieder ins Gleichgewicht zu kommen. Du wirkst damit direkt an Deinem eigenen Heilungs- und täglichen Erneuerungsprozeß mit. Auch wenn Du nicht krank bist, wirst Du die Energie, die Du im Laufe Deiner normalen täglichen Aktivitäten verbraucht hast, wieder auffüllen und ausbalancieren. Reiki ist eine der wirksamsten Techniken für Entspannung und Streßabbau, die dem modernen Menschen zur Verfügung stehen. Es hat außerdem den Vorteil, daß außer *Dir selbst* und einem Seminar durch einen geprüften Reiki-Meister/Lehrer, kein spezieller Zustand oder besondere Hilfsmittel erforderlich sind. Wenn Du diese Technik einmal gelernt hast, kannst Du Reiki immer und überall anwenden — es ist tatsächlich so natürlich wie das Atmen.

5

Die Reiki-Technik

»Gesundheit ist nur eine Frage des Gleichgewichts.«

Paul Brenner, M.D.

Reiki ist eine Methode zum natürlichen Heilen und zur Harmonisierung von Energie. Jeder Mensch kann diese Technik von einem ausgebildeten Reiki-Meister/Lehrer lernen. ›Reiki-Meister‹ ist traditionsgemäß die Bezeichnung für jemanden, der diese natürliche Heilkunst gemeistert hat und in der Lage ist, einem anderen diese Methode beizubringen. Reiki ist eine einfache und direkte Technik, die Leute im Alter zwischen fünf und dreiundneunzig Jahren ohne Schwierigkeiten gelernt haben. Ich habe sie gesunden Menschen beigebracht, die gekommen waren, um eine vorbeugende Methode zu lernen; etwas zum Entspannen, um Streß abzubauen und die natürliche Energie wiederherzustellen. Ich habe sie auch kranken Menschen gelehrt, mit Krankheiten von einer einfachen Grippe bis zu Krebs im Endstadium. Um teilweise oder vollständig behinderten Menschen zu helfen, ist es gut, wenn Familienmitglieder, Freunde und Therapeuten das Reiki-Seminar mitmachen und lernen, Reiki-

Behandlungen zu geben. In dem Seminar wird beides vermittelt: sich selbst Reiki zu geben und auch, wie man die Technik bei Bedarf auf Familienmitglieder oder Freunde anwenden kann.

Es ist nicht ungewöhnlich, daß ganze Familien am Reiki-Seminar teilnehmen, denn es ist eine Technik, an der sich leicht mehrere Menschen beteiligen können. Man kann sie sogar kleinen Kindern beibringen. Eine Reiki-Sitzung innerhalb der Familie oder unter Freunden bietet eine schöne Gelegenheit, in einer warmen, geborgenen und friedlichen Atmosphäre zusammen zu sein. Viele Menschen haben mir geschrieben, daß Reiki ein wichtiges Element ihres Familienlebens geworden ist und sehr dazu beigetragen hat, das gegenseitige Verständnis zu fördern. Eine Frau aus Illinois schrieb: »Reiki ist eine so bedeutende Bereicherung unseres Familienlebens geworden, daß wir nicht wissen, wie wir ohne Reiki auskommen würden.«

Reiki ist eine wissenschaftliche Methode. Es hat ein präzises System, das Du Dein ganzes Leben lang benützen kannst. Indem Du die einfachen Schritte befolgst und Deine Fortschritte über eine angemessene Zeitspanne hinweg prüfst, kannst Du selbst die Resultate beobachten und objektiv feststellen, welchen Nutzen Du von Reiki hast. Alle wissenschaftlichen Methoden sind wiederholbar und vermitteln durch Erfahrung gewonnenes Wissen. So ist es auch mit der Reiki-Technik.

Die Reiki-Technik führt Deinem Körper in einer systematischen Behandlung natürliche Lebensenergie zu. Kurz gesagt: die Behandlung beginnt mit dem Kopf und bedeckt mit vier Schritten die Augen, die Stirn und die Nebenhöhlen, das Gehirn, die Hirnanhangs- und Zirbeldrüsen, den Hals und die Schilddrüsen. In dieser Phase wird vom Hals aufwärts behandelt. Mit den nächsten vier Schritten werden die Lunge, das Herz, die Leber, die Gallenblase, der Magen, die

Milz, die Bauchspeicheldrüse, die Därme, die Blase und die Fortpflanzungsorgane gründlich behandelt. Dann gibt es vier Schritte, die Deinen Rücken bedecken und Herz, Lunge, Nebennieren, Nieren, Wirbelsäule, unteren Rücken und Därme umfassen. Das Reiki-Seminar vermittelt Dir die Einzelheiten dieser Behandlung und auch, wie Du Reiki auf ganz bestimmte Krankheiten und/oder vorbeugend zur Aufrechterhaltung von Gesundheit und Ganzheit anwenden kannst.

Mit den zwölf oben genannten Schritten wird allen wichtigen Organen, Drüsen und Blutgefäßen natürliche Energie zugeführt. Sogar der modernen Medizin fällt es schwer, für viele Krankheiten und Unausgewogenheiten die Ursache festzustellen. Wenn Du deshalb den ganzen Körper mit Reiki behandelst, trägst Du dazu bei, die Ursachen von Krankheiten und Unausgewogenheiten zu heilen, und auch ihre Auswirkungen und Symptome werden verschwinden. Es genügt nicht, die Symptome zu behandeln. Der Schlüssel zu vollständiger Heilung, Ganzwerdung und Transformation liegt in der Heilung der Ursache. Du lernst im Reiki-Seminar auch die Behandlung anderer Körperteile. Du lernst eine Reiki-Technik zur Behandlung von Herzanfällen, Lungenemphysemen, Krampfadern, Hämorrhoiden, Prostatabeschwerden, Schluckauf, Nasenbluten und auch, wie Du Reiki bei Unfällen und emotionalen und mentalen Schwierigkeiten anwenden kannst.

Die wissenschaftliche Methode der eigentlichen Reiki-Behandlung enthält eine vollständige Methode, um die sieben Haupt-*Chakras,* oder feinen Energiezentren, die vom unteren Ende der Wirbelsäule bis zum Scheitelpunkt des Kopfes entlang der Wirbelsäule aufgereiht sind, in einen Zustand des Gleichgewichts und der Harmonie zu bringen. Wenn Du Deine Reiki-Behandlung an der Oberseite des Kopfes, beziehungsweise am Kronenchakra beginnst und Dich zum unteren Ende der Wirbelsäule hinabarbeitest, führst Du gleichzeitig dem physischen Körper und diesen feinen Energiezentren natürliche Energie zu und bringst diese Energie auch im physischen Körper, ebenso wie in den Energiezentren, ins Gleichgewicht. Im Reiki-Seminar bekommst Du außer den aktivierenden Energieübertragungen und der Unterweisung in der Reiki-Methode auch grundlegende Informationen über menschliche Physiologie und über diese feinstofflichen Energiezentren. Es besteht eine direkte Beziehung zwischen bestimmten Drüsen des endokrinen Systems, den feinen Energiezentren und Deinem emotional-mentalen und spirituellen Gleichgewicht.

Die Reiki-Methode mit ihrer speziellen Behandlung füllt automatisch Energieverluste in diesen Zentren wieder auf und fördert Ausgewogenheit, Heilung oder Ganzwerdung auf allen Ebenen Deines Seins. Bestimmte Positionen der Reiki-Technik sind besonders hilfreich, wenn Du Dich in einer emotionalen oder mentalen Notlage befindest. Du kannst diese Technik buchstäblich immer und überall anwenden. Sie ist einfach, direkt, sicher und zudem auch noch leicht zu lernen.

Die Energieaktivierungen, die Teil des Reiki-Seminars sind, sind vollständig harmlos und tatsächlich für jeden Einzelnen ein ganz besonderes und einzigartiges Erlebnis. Nachdem Du die Reiki-Energieaktivierung bekommen hast, kannst Du Dich für den Rest Deines Lebens jederzeit an die natürliche Lebensenergie anschließen. Sie verbraucht sich nicht, geht nicht kaputt und veraltet nicht! Es ist vielmehr so, daß die Energie um so reichlicher fließt, je mehr Du Reiki anwendest.

Reiki behandelt den Körper als *Ganzheit* und bringt auf natürliche Weise die Energie in der Gesamtheit der körperlichen, emotionalen, mentalen und geistigen Ebenen in einen harmonischen Zusammenklang.

Reiki gibt all den miteinander verwobenen Teilen unseres Seins wieder Lebensenergie und unterstützt unsere natürliche innere Tendenz, uns in Richtung auf Gesundheit und Ganzheit zu entwickeln. Jeder von uns verfügt über ein riesiges, unbenutztes Reservoir von Vitalität, Erfüllung, Kreativität, Ganzheit und Bewußtheit, das weit über die Grenzen dessen, was die meisten Menschen erleben, ausgedehnt werden kann. Wohlbefinden und Ganzheit ist von Geburt an unser göttliches Recht. Mit Reiki können wir uns direkt an die Quelle anschließen und die Ganzheit, die uns rechtmäßig und auch von Natur aus zusteht, wieder in Anspruch nehmen!

Das Reiki-Seminar enthält eine Reihe von vier aktivierenden Energieübertragungen für jeden einzelnen Teilnehmer. Der Reiki-Meister/Lehrer ist in diesem Prozeß der Energieaktivierung geschult. Er benützt dafür nicht seine persönliche Energie, sondern er verbindet sich mit einer anderen Ebene, mit der universellen Lebenskraft. Für die aktivierenden Energieübertragungen ist von seiten des Teilnehmers kein besonderes Wissen erforderlich. Sie befähigen vielmehr den einzelnen, auf präzise Weise Lebensenergie zu erzeugen und zu lenken.

Das Phänomen der aktivierenden Energieübertragung von Reiki ist vielleicht am besten mit dem Einschalten eines Schalters zu vergleichen. Wenn es einmal geschehen ist, beginnt die Energie zu fließen. Je mehr wir diese Energie benutzen, um so reichlicher fließt sie. Der Vorrat kann sich nie erschöpfen, denn die Quelle ist unbegrenzt. Der Fluß der Lichtenergie von Reiki ist wie elektrischer Strom, der ›eingesteckt‹ oder ›eingeschaltet‹ werden muß, bevor eine bestimmte Menge davon fließt. Danach können wir diesen Strom von Lichtenergie auf verschiedene Weisen, unseren persönlichen Bedürfnissen und den Umständen entsprechend, lenken.

Die Reiki-Grade

Reiki ist eine vollständige Methode zur Aktivierung natürlicher Energie und lehrt, wie diese benutzt werden kann, um Heilung, Ganzheit, persönliches Wachstum, Transformation und sogar Erleuchtung zu fördern. Die Methode ist in ihrem Kern über die Jahrhunderte hinweg intakt überliefert worden.

Der erste Reiki-Grad

Der erste Reiki-Grad ist der Grundkurs. Er enthält pro Person vier einzelne Energieaktivierungen und die vollständige Unterweisung in der wissenschaftlichen Anwendung der Reiki-Technik. Es wird Dir gezeigt, wie Du Dir selbst und anderen eine Reiki-Behandlung geben kannst. In dem Reiki-Seminar bekommst Du darüber hinaus einen Überblick über die Grundsätze ganzheitlicher Gesundheit und Lebensführung, erhältst Richtlinien für Dein Wohlbefinden und detaillerte Anweisungen darüber, wie Reiki zur Behandlung bestimmter Krankheiten sowie als vorbeugende Maßnahme und als Technik der persönlichen Transformation eingesetzt werden kann.

Der zweite Reiki-Grad

Den zweiten Reiki-Grad kann jeder erwerben, der den ersten Grad abgeschlossen hat. Gewöhnlich wird empfohlen, daß der Betreffende mindestens drei Monate wartet, bevor er zu diesem Grad weitergeht, es sei denn, daß persönliche Umstände für etwas anderes sprechen. Der zweite Reiki-Grad besteht aus:

1. Einer sehr wirksamen Technik, um die Energie in die Ferne zu schicken.
2. Einer speziellen Technik, um mit tiefgreifenden emotionalen und mentalen Problemen umzugehen. Diese Technik kann entweder zusammen mit der Behandlung des Körpers, oder mit der Fernanwendung kombiniert werden.
3. Einer Technik zur persönlichen Weiterentwicklung.
4. Einer besonders aktivierenden Energieübertragung.

Der zweite Reiki-Grad dient dazu, dem einzelnen eine Technik in die Hand zu geben, mit Hilfe derer er Energie in nicht-physischen Dimensionen benützen und lenken kann. Was Du als einen Teil dieser Technik lernst, ist einem Senden von Lichtenergie an einen ganz bestimmten Empfänger vergleichbar, ganz ähnlich, wie Radio- oder Fernsehsignale übertragen werden.

Der dritte Reiki-Grad

Der dritte Grad wird traditionsgemäß als Meister-Grad bezeichnet. Auf dieser Ebene von Reiki ist der Betreffende bereit, den komplexen Vorgang der aktivierenden Energieübertragung zu lernen. Der spezifische Prozeß, wie diese Energieaktivierungen oder Einstimmungen vorgenommen werden können, ist in einer Formel überliefert, mit Hilfe derer man sich an eine höhere Schwingung von Lichtenergie anschließen kann. Dieser Reiki-Grad enthält eine weitere aktivierende Energieübertragung.

Der dritte Grad ist, um die Kraft dieser Ebene weiteren Kreisen von Menschen zugänglich zu machen und ihren Gebrauch nicht nur Lehrern vorzubehalten, in zwei voneinander unterschiedene Phasen aufgeteilt worden.

Der dritte Grad (3 A), der dazu dient, persönlich zu wachsen, sich zu verwandeln, der Erleuchtung näherzukommen und der Menschheit in universellem Rahmen dienen zu können, steht jetzt jedem zur Verfügung, der den ersten und zweiten Grad abgeschlossen hat. Dieses Programm ist besonders für jene gedacht, die mehr von Reiki lernen wollen, ohne sich an die für das Offizielle Lehrerausbildungsprogramm[SM] erforderlichen Qualifikationen halten zu müssen.

Der dritte Reiki-Grad (3 B) des Lehrerausbildungsprogramms ist die Stufe des Meister/Lehrers und besteht aus einem Qualifizierungsprozeß und einem vollständigen, hohen Ansprüchen genügenden, professionellen Ausbildungsprogramm.

Nach Abschluß dieses Programms ist gewährleistet, daß die Lehrer die vollständige Ausbildung zur Vermittlung der Aktivierungen des ersten und zweiten Grades haben und den Maßstäben, die erforderlich sind, um ein offizielles Reiki-Seminar durchzuführen, gerecht werden. Weitere Informationen über das Lehrerausbildungsprogramm[SM] erhältst Du durch die American-International Reiki Association in St. Petersburg, Fl., vgl. Anhang A.

Um die echte energieaktivierende Einstimmung des dritten Grades vornehmen zu können, muß die betreffende Person das vollständige, für diesen Prozeß erforderliche Wissen besitzen, genauso wie der Lehrer des ersten und zweiten Grades das korrekte Wissen für die Einstimmungen dieser Ebenen haben muß. Ich empfing Ende 1979 von Hawayo Takata, dem einzigen Menschen in der westlichen Welt, der dieses Wissen hatte, vollständige Instruktionen über alle sieben Grade von Reiki und alle sieben Stufen der Einstimmung, die das authentische System von Dr. Usui ausmachen. Da ich der einzige Mensch bin, dem Frau Takata dieses einzigartige System in seiner Ganzheit anvertraute, habe ich die Verantwortung, es intakt zu erhalten und dafür zu sorgen, daß die Integrität und Vollständigkeit seiner reinen, leuchtenden Kraft unverdünnt und unverfälscht erhalten bleibt.

In den letzten Jahren, in denen immer mehr Menschen den dritten Grad von Reiki lernen und anwenden und die Nutzen dieses Grades weiterentdeckt werden, hat sich natürlich und organisch die Notwendigkeit entwickelt, auch den vierten Reiki-Grad verfügbar zu machen. Die ganze Wissenschaft der Reiki-Energie kann uns auf dieser Existenzebene nur dann zugute kommen, wenn wir sie benutzen. Fast vierzig Jahre lang entschied sich Frau Takata nicht dazu, jemand anderem die Nutzung und Erfahrung der universellen Kraft des dritten oder irgendeines darüber hinausgehenden Reiki-Grades zugänglich zu machen. Wir leben jedoch in einer anderen Welt, in einem anderen Zeitalter, in einem anderen Zyklus — unsere Bedürfnisse sind anders. Die Menschheit ist an einem kritischen Entscheidungspunkt für unsere zukünftige Welt, vielleicht sogar für unsere zukünftige Entwicklung, angelangt. Wir brauchen alle Techniken, die wir haben können, die uns helfen, das Bewußtsein und die Vollkommenheit zu erlangen, die wir brauchen, um uns für eine Weiterentwicklung auf dem Planeten Erde zu entscheiden. Die authentische Usui Reiki-Technik kann ein nützlicher Beitrag auf dem Weg zur Heilung und Ganzheit, zu Verwandlung und Erleuchtung für uns sein. In diesem Entfaltungsprozeß gibt es eigentlich keinen Grund, die Möglichkeit für weitere Grade von Reiki, die über den dritten hinausgehen, irgendjemandem vorzuenthalten.

6

Reiki und Energie

$$E = mc^2$$

Albert Einstein

*»Die Erkenntnis der Rolle des Bewußtseins
in den Prozessen des physischen Universums
bedeutet eine radikale Abkehr von der
klassischen Physik.«*

Michael Talbot

Aus den Reihen der Wissenschaftler kommt uns die Information, daß alle Dinge aus Energie bestehen, und daß das Wesen der Energie *Licht* ist. Auf dem zweiten Weltkongreß über Wissenschaft und Religion im Juni 1981 sagte der international bekannte französische Physiker Jean Charon: »Materie in ihre Bestandteile zerlegt ist Energie und wenn man Energie untersucht, dann stellt sich heraus, daß sie transparent ist — *Licht* ist... Der Geist ist Physik!«

Von frühester Vergangenheit an bis jetzt ist in religiösen und metaphysischen Texten immer davon die Rede gewesen, daß Licht der Wesenskern aller Dinge ist. Einsteins Erkenntnis, daß die Lichtgeschwindigkeit die einzige Konstante im Universum ist, war für die moderne wissenschaftliche Forschung von atemberaubender Tragweite. In der Natur, ebenso wie im weiten Weltraum, scheint die Grundsubstanz aller Dinge Energie zu sein, und Energie kann ihrem Wesen nach als Licht beschrieben werden.

Energie manifestiert sich in einer ungeheueren Vielfalt von Formen. Die Dinge, die wir als ›lebendig‹ bezeichnen, haben eine gewisse Qualität und Quantität von Lebenskraft, von ›universeller Lebensenergie‹, in sich. Zur besseren Identifizierung sind die Energieformen in die Grundelemente von Erde, Wasser, Feuer und Luft unterteilt worden.

Wenn die molekulare Struktur eines Gegenstandes dicht zusammengepreßt ist, erleben wir den Gegenstand als aus festem Material bestehend, wie zum Beispiel einen Tisch, einen Stuhl oder eine Wand, oder sogar unseren physischen Körper. Einer der Hauptunterschiede in den physischen Eigenschaften einer Wand oder eines menschlichen Körpers liegt in der jeweiligen Dichte des Körpers. Man könnte auch sagen, daß eine Wand mehr Masse pro Maßeinheit ihres Volumens hat als unsere physischen, emotionalen, mentalen und spirituellen Körper.

Wenn Du Dich auf eine ganzheitliche Sichtweise einstellst, mußt Du Dir dessen bewußt bleiben, daß *alle Dinge Energie sind*. Dann kannst Du lernen, äußere und innere Dinge als zu den Grundelementen von Erde, Wasser, Feuer und Luft gehörig zu identifizieren.

Alle Energie ist in ihrer natürlichen, reinen Form neutral. Das heißt, daß Energie an sich weder gut noch schlecht, weder positiv noch negativ ist. Alle Lebensenergie hat ein und dieselbe Quelle im Universum, auch wenn sie sich in einer Vielfalt von Formen zeigt. Energie ist in bestimmten Formen sehr sichtbar für uns, während sie in anderen Formen meist unsichtbar bleibt.

Feste Formen, die uns umgeben, unsere physischen Körper eingeschlossen, sind unter normalen Umständen für die meisten von uns sichtbar. Unsere emotionalen Körper hingegen, die dem Element Wasser angehören, sind eher unsichtbar, wenn sie auch oft durch die äußere Form zum Ausdruck kommen. Eine der Grundeigenschaften von Wasser ist seine Tendenz, auseinanderzufließen, wenn es nicht von einem Gefäß umschlossen ist. Du hast sicher einmal versucht, überlaufendes Wasser aufzuhalten, damit es sich nicht über den ganzen Boden verteilt? Emotionen sind ähnlich. Sie breiten sich aus und berühren Dich, andere Menschen und Deine unmittelbare Umgebung.

Lebensenergie, die sich durch den emotionalen Körper ausdrückt, zum Beispiel Wut, wirkt sich auf den physischen Körper als zusätzliche Belastung auf innere Organe, Blutgefäße und Blutdruck aus und führt gewöhnlich zu disharmonischen Gesichtszügen und Handlungen.

Unsere Gedanken gehören dem Element der Luft an und sind von Natur aus weniger dicht − ›leichter‹ − als feste Formen. Man bedenke, daß wir in jeder Minute *alle* unsere Gedanken mit uns tragen. Stell Dir vor, Du würdest versuchen, all Deinen materiellen Besitz ständig mit Dir zu tragen! Gedanken sind, wenn sie nicht in irgendeine feste Form gebracht werden, meist unsichtbar und ungreifbar. Energie, die durch den Mentalkörper geleitet wird, bringt Gedanken hervor. Die Energie ist neutral, und auch Gedanken sind an sich neutral, es sei denn, sie werden durch die emotionalen und physischen Körper auf etwas oder jemanden gerichtet.

Feuer ist das Element, das mit dem Geist assoziiert wird, und der Geist ist unsere Energie der Lebenskraft, unser göttlicher Funke. Wir erfahren die Lebensenergie meistens als Wärme. Wenn der physische Körper stirbt, erlischt auf dieser Ebene das Feuer, und die Lebenswärme verläßt den Körper. Wenn eine Frucht oder eine Gemüsepflanze von ihrer Lebensquelle abgeschnitten wird, beginnt sie ihre Lebenskraft zu verlieren.

Feuer kann unsere Leidenschaften entfachen, so daß sie als Wut oder auch als Liebe zum Ausdruck kommen. Die Feuerworte »Ich bin, der ich bin«, die Moses am brennenden Dornbusch empfing, bringen jedem von uns unsere Verbindung mit der universellen Lebenskraft ins Bewußtsein. »Ich bin, der ich bin« – diese Worte weisen auf die immerwährende Lebenskraft des Seins hin, ganz gleich durch welche äußere Form sie sich ausdrückt. Die Feststellung »Das Ganze ist größer als die Summe seiner Teile« hilft, das Konzept der spirituellen Feuerdimension unseres Seins zu erläutern: das ›wirkliche Ich‹ liegt jenseits aller individuellen Teile. Die Ganzheit des Seins wird auch dann nicht zerstört, wenn die äußere Persönlichkeit zusammenbricht oder ausgeschaltet wird. C. G. Jung schrieb über das Bewußtsein:

»Und doch war das Erreichen des Bewußtseins die kostbarste Frucht am Baum der Erkenntnis, die Zauberwaffe, die dem Menschen die Herrschaft über die Erde gab und die ihn, hoffentlich, zu dem noch größeren Sieg über sich selbst führen wird… Das Kommen des Bewußtseins war vermutlich das gewaltigste Ereignis der Vorzeit, denn mit ihm entstand eine Welt, von deren Existenz vorher niemand etwas geahnt hatte. Und Gott sprach, ›es werde Licht‹ steht für diese uralte Erfahrung der Trennung des Bewußtseins vom Unbewußten.«[2]

Ein erweitertes Bewußtsein vermittelt uns eine neue Sichtweise auf die Ereignisse in unserem Leben. Viele Frauen zum Beispiel, denen durch eine radikale Operation eine Brust entfernt wurde, haben diesen Verlust auf körperlicher, emotionaler und mentaler Ebene als außerordentlich schmerzhaft empfunden. Von einem begrenzten Standpunkt aus betrachtet mag der Verlust eines Körperteils wie ›das Ende der Welt‹ erscheinen. Der Verlust einer Brust wird manchmal als ein Verlust der Weiblichkeit überhaupt angesehen. Dieselbe Situation, in einen ganzheitlichen Rahmen gestellt und mit einem erweiterten Bewußtsein betrachtet, erscheint jedoch in einem ganz anderen ›Licht‹. Natürlich ist es uns lieber, wenn sich alle unsere äußeren Körperteile in einem guten Zustand befinden, aber wenn es anders ist, können wir mit einem solchen erweiterten Bewußtsein auch flexibel und großzügiger reagieren.

Zu irgendeinem Zeitpunkt in diesem Leben werden wir alle unseren Körper, unsere Gefühle und unser Denkvermögen verlieren und sterben — in einen anderen Zustand des Seins übergehen. Unser Bewußtsein wird es uns auch ohne diese äußeren Formen ermöglichen, uns als Ganzheit zu erfahren. Der Tod wird so nicht mehr als schreckliches Ende gefürchtet, sondern kann als Übergang in eine andere Seinsebene gesehen werden. Das Licht des Universums erleuchtet unser Sein mit der kosmischen Lebenskraft, die oft als göttliche Intelligenz bezeichnet wird. Der Schlüssel zur Unsterblichkeit ist Bewußtsein, ist Feuer, ist Licht.

Die Wissenschaft findet immer mehr Beweise dafür, daß wir in einem denkenden Universum leben, das sich in einer stetigen Entwicklung zu einem höheren Bewußtsein befindet. Edward Simon, Biologe der Universität Yale, schrieb: »Das Leben ist das Zentrum, in dem sich die materiellen und spirituellen Kräfte des Universums treffen und zu versöhnen scheinen. Der Geist wird im Leben geboren.«[3]

Reiki ist universelle Lebensenergie. Reiki ist das Feuer des Lebens. Reiki ist die Lichtenergie einer höheren, weniger dichten Schwingung als der von Körper, Emotionen und Intellekt. Mit Reiki wird diese Lichtenergie in uns aktiviert. Wenn wir die Reiki-Technik anwenden, wenden wir tatsächlich Lichtenergie auf unser ganzes Sein an, und Heilung, Ganzheit und Verwandlung geschehen ganz von selbst als natürlicher Teil dieses Prozesses. Reiki richtet unsere Aufmerksamkeit darauf, den Gebrauch unserer Lebensenergie zu lenken und zu meistern, und Energie ist *Licht*. Erleuchtung im wahrsten Sinne des Wortes bedeutet, von Licht erfüllt zu sein, und die Dinge ›in einem neuen Licht zu sehen‹. Wenn wir die Reiki-Technik anwenden, füllen wir uns tatsächlich mit Licht. Reiki ist also nicht nur eine natürliche Methode, um Energien ins Gleichgewicht zu bringen und aufzufüllen, um Heilung und Ganzheit zu erlangen, sondern auch eine natürliche Technik zur Erweiterung des Bewußtseins, die uns in Kontakt mit unserem wirklichen Selbst bringt — mit unserem eigenen ewigen Sein.

Zusammenfassend kann man sagen, daß wir durch die Anwendung von Reiki und durch die Erweiterung unserer Wahrnehmung sensibel werden für die ›Lebenskraft‹, die in allem Lebendigen fließt. Wir können allmählich erkennen, daß diese Lebenskraft aus einer einzigen Quelle stammt. Die Erfahrung von Ganzheit ist die Erfahrung der Einheit mit allem Lebendigen, Identifikation mit der Lebenskraft, die Erfahrung von uns selbst als reines weißes Licht.

Wenn wir in der Bewußtheit leben, daß alle Dinge Energie sind, bekommen wir eine neue Perspektive, aus der wir wachsen können. Mit Reiki lernen wir, den Fluß unserer Lebensenergie durch den physischen, emotionalen und mentalen Körper zu lenken, und erleben dadurch eine Befreiung von alten Grenzen. Die Berührung mit reinem Bewußtsein läßt uns den Geist erfahren, unsere eigene Unsterblichkeit. Dr. Evan Walker, ein bekannter amerikanischer Physiker, sagte dazu: »Bewußtsein kann mit allen quantenmechanischen Prozessen in Zusammenhang gebracht werden. Bewußtsein kann auch existieren, ohne mit einem lebendigen System assoziiert zu werden.«[4]

7

Reiki: Eine Wissenschaft des Lichts

*»Das Zeitlose in Dir ist sich
der Zeitlosigkeit des Lebens bewußt.«*

Kahlil Gibran

In diesem ganzen Buch habe ich die Reiki-Technik in ihrer
äußeren Form beschrieben, und wie und warum sie wirkt.
Reiki ist jedoch mehr als diese äußere Methode. Das Wort
Reiki bedeutet universelle Lebensenergie. In seiner inneren
Dimension ist Reiki der Vorgang, sich an diese Lebensenergie anzuschließen, die kosmische Energie, aus der wir alle
unser Sein beziehen.

Reiki ist eine alte Kunst des Heilens mit natürlicher Energie, mit der wir die Kraft in uns aktivieren können, uns sozusagen an unser wahres Selbst anschließen, unser wahres
Wesen entdecken können. Reiki ist eine Wissenschaft der
Verwandlung und eine Heilkunst, die uns das Tor zu innerem Wissen, innerem Licht öffnet. Reiki gibt Einsicht, Kreativität, Heilung und Ganzheit. Reiki besteht nicht aus Worten und ist auch kein Dogma, sondern ein sich Anschließen
an die Energie, die in allem Lebendigen fließt. Reiki ist eine

Erfahrung, ein Prozeß, mit dem wir uns *bewußt* auf das einstimmen können, was das Leben selbst ist, der Energie gewahr werden können, die als ›wir‹ zum Ausdruck kommt, und die wir mit allem, was im Universum *lebt,* gemeinsam haben. Reiki ist Lichtenergie und gleichzeitig eine Technik, mit der wir unser Bewußtsein verwandeln und uns heilen können.

Marilyn Ferguson beschreibt in ihrem Buch ›Die sanfte Verschwörung‹ Transformation so: »Und wir entdecken, *daß alles ein Prozeß ist.* Die Welt der festen Erscheinung ist ein Prozeß, ein Tanz subatomarer Teilchen. Eine Persönlichkeit ist ein Zusammenkommen von Prozessen. Angst ist ein Prozeß. Eine Gewohnheit ist ein Prozeß. Ein Tumor ist ein Prozeß. Alle diese scheinbar festen Erscheinungen werden in jedem Augenblick neu geschaffen und können auf unzählige Weisen verändert, neu geordnet, verwandelt werden.«[1] Der Kern von Reiki ist Lichtenergie, die uns verwandelt, jeden einzelnen entsprechend seinem individuellen Entfaltungsprozeß.

Wie ich schon in einem früheren Kapitel gesagt habe, beginnt der lange Weg unserer Suche nach unserem wahren Selbst meistens in der Welt der äußeren Erscheinungen. Den größten Teil unseres Lebens verbringen wir damit, unseren äußeren Formen, unserem Körper, unseren Gefühlen, unserem Denken Aufmerksamkeit zu schenken. Wir widmen die meiste Aufmerksamkeit dem Erwerb äußerer Besitztümer und neigen dazu, uns mit diesen materiellen Besitztümern zu identifizieren. Irgendwo auf unserem Weg hat jedoch jeder von uns irgendein Erlebnis mit seinem wahren inneren Selbst. Aus diesem Erlebnis, individuell für jeden von uns und den besonderen Umständen seiner persönlichen Geschichte entsprechend, beginnt ein Wissen um unsere inneren Dimensionen zu wachsen. Manchmal weisen wir diese Erlebnisse zuerst von uns, halten sie für eine Täuschung oder einen Trick, etwas, das unser Bewußtsein uns vorgaukelt. Unser Wissen über die Welt der äußeren Erscheinungen erscheint uns fest, zuverlässig und behaglich – man könnte fast sagen sicher. Was wir über die inneren Welten wissen, erscheint uns vage, undefiniert und unsicher – es macht uns vielleicht sogar Angst.

Irgendwann wird jedoch jeder von uns nach den Techniken suchen, die uns mit inneren Erlebnissen und unserer inneren Realität in Berührung bringen. Für viele Menschen hat die Energie dieses neuen Zeitalters, das das Wassermannzeitalter genannt wird, diesen Prozeß der Suche nach innerer Wahrheit beschleunigt. In dem Maße, wie der einzelne mehr Übung und Geschick darin entwickelt, mit seinem inneren Sein in Kontakt zu kommen, sich an seine Quelle anzuschließen, wird auch die innere Welt fest umrissen, zuverlässig und sicher. Dieses innere Wissen wird in den äußeren Formen unseres Lebens einen Ausdruck finden. Viele Ebenen unseres wahren inneren Seins werden uns enthüllt werden. Wir alle werden unser Leben mit diesem neuen Wissen leben können, das wir aus dem Kontakt mit den erweiterten Dimensionen von uns selbst gewinnen. Bevor ein Mensch nicht selbst aus seiner inneren Quelle heraus denken und wissen kann, kann er nicht intelligent, weise und mitfühlend an dieser nächsten Phase der menschlichen Entfaltung teilnehmen, die sich in etwa über die nächsten 2500 Jahre erstrecken wird.

In den herkömmlichen Geschichtsbüchern finden wir Berichte über einen Aspekt der Geschichte des Menschen auf diesem Planeten. Sie sind voll von Geschichten über die niemals endenden Kriege und Ränkespiele des Menschen, über Epochen des Aufbaus großer Herrschaftsbereiche und darauffolgende Zeiten der Zerstörung und des Verfalls. Es gibt jedoch noch eine andere Art von Menschheitsgeschichte: man könnte sie die ›Geschichte des Lichts‹ nennen.

Die Menschheit hat sich im Laufe der Zeit immer mehr in die materielle Welt verstrickt. Der Brennpunkt der Aufmerksamkeit und der Werte des Menschen war materieller Gewinn. Er wollte Reichtümer anhäufen und damit Macht über andere gewinnen. Das persönliche Ego stand auf Kosten der anderen im Vordergrund. Separatismus und Vorurteile herrschten, meist hinsichtlich der Rasse, der Religion und des sozialen Status der anderen, und ein blindes Verhaftetsein an äußere Formen. Dazwischen hat es jedoch, von der herkömmlichen Geschichtsbeschreibung wenig beachtet, in allen Jahrhunderten auch jene Männer und Frauen gegeben, die den ›Weg des Lichts‹ vertraten. In Kulturen, wo Materialismus die Grundlage des Wertsystems war, erschienen diese sehr bewußten Menschen natürlich seltsam, ungewöhnlich, bedrohlich, ja sogar verrückt. Jene ›Lichtträger‹ paßten einfach nicht in das vorherrschende Niveau begrenzten Bewußtseins, die normale Blindheit. In ihrem Denken, ihren Reaktionen und ihren Werten ›gingen sie nicht mit der Masse‹ — sie konnten tatsächlich das ›Licht‹ sehen, wurden jedoch wegen ihrer Vision, wegen ihres erweiterten Bewußtseins oft verlacht, bestraft oder sogar zum Tode verurteilt.

Glücklicherweise verändert sich diese Situation jetzt. Wir befinden uns in der Dämmerung des Wassermannzeitalters und mit der Dämmerung kommt das Licht. Die Menschheit wird bis in ihre Wurzeln erschüttert. Die Wertsysteme werden untersucht und umgekrempelt. Aufruhr, Protestmärsche, Demonstrationen und Streiks sind zu einer normalen Erscheinung geworden. Jeder möchte ›ein Stück von dem Kuchen‹ und jeder möchte das auch ausdrücken. In dieser ersten Phase des neuen Zeitalters werden alte Formen und sinnlose Muster aufgebrochen, und aus diesem Chaos wird eine neue Phase der menschlichen Entwicklung kommen — eine Zeit, in der sich die innere Weisheit des Menschen ent-

faltet, und die Mehrheit der Menschen ihren wahren, natürlichen Geist erkennen und zum Ausdruck bringen wird.
Geist ist Licht, und Licht ist der Grundgedanke des Wassermannzeitalters. Es ist kein Zufall, daß in diesem Jahrhun-
dert die Elektrizität entdeckt wurde. Es ist kein Zufall, daß
die Elektrizität jetzt unseren ganzen Erdball umgibt und ›die
Welt erhellt‹. Alle großen Lehrer der Welt, und alle bekannten und unbekannten Mystiker haben die Wahrheit über
unser eigentliches Wesen verkündet: »Du bist das Licht der
Welt.«

Im neuen Zeitalter hat jeder von uns die Möglichkeit,
diese Wahrheit durch ein erweitertes Bewußtsein zu *wissen*
und danach zu *handeln*. Wenn wir uns dessen bewußt sind,
daß wir Licht sind, können wir auch nur bedingungslose
Liebe, Brüderlichkeit, Ganzheit, Licht und guten Willen auf
andere Mitwesen *ausstrahlen*.

In dem Maße, wie sich die Menschheit weiter ins Wassermannzeitalter hineinentwickelt, werden immer mehr Menschen aus einem solchen Bewußtsein heraus leben. Immer
mehr Menschen werden nach der Erkenntnis des inneren
Lichtes streben, das uns tatsächlich mit allem Lebendigen
vereint. Unser Denkmodell und unsere Werte werden sich
verändern, und das in der Welt vorherrschende Bewußtsein
wird erweitert sein. Die Menschheit als Ganzes wird Gelegenheit haben zu erkennen, daß es im Leben einen höheren
Sinn gibt als die blinde Jagd nach Sex, Geld und Macht. In
›Die sanfte Verschwörung‹ schreibt Marilyn Ferguson: »Es
ist kaum verwunderlich, daß diese Veränderung der Wahrnehmung als ein Erwachen empfunden wird, als befreiend
und verbindend — als Verwandlung. Wenn man bedenkt,
welchen Gewinn der einzelne daraus zieht, dann erstaunt es
nicht, daß sich Millionen von Menschen innerhalb ganz weniger Jahre solchen Praktiken zugewendet haben. In dem
Maße, wie sich ihr Denken und Bewußtsein wandelt, begin-

nen sich auch ihr Leben und ihre Umgebung zu verändern.«[2]

Je mehr wir uns dem Licht nähern, desto näher kommen wir auch der Ganzheit. In der neuen Physik wurde es so ausgedrückt, daß wir um so transparenter werden, je mehr wir uns der Lichtgeschwindigkeit, der einzigen bekannten Konstanten im Universum, nähern – wir werden eins damit, wir werden zum ewigen Hier und Jetzt. Reiki ist eine Wissenschaft des Lichts, die seit über zehntausend Jahren bestimmten Menschen bekannt war und als Teil der Geschichte des Lichts über die Jahrhunderte weitergegeben wurde. Es ist kein Zufall, daß diese Technik in der Dämmerung des Wassermannzeitalters wieder aufgetaucht ist – eines Zeitalters, das von Wissenschaft und Geistigkeit gekennzeichnet sein wird. Reiki ist in seiner inneren Form ein Kontakt mit reiner Lebenskraft – ein Kontakt mit Lichtenergie. In seiner äußeren Form ist Reiki eine präzise, wissenschaftliche Methode, diese Lichtenergie anzuwenden und zu lenken. Die moderne Wissenschaft verkündet uns heute, daß alles Energie ist, Energie, die sich in verschiedenen Formen manifestiert. Dr. Jean Charon's in Kapitel 6 zitierte Aussage enthüllt aus der Perspektive der neuen Physik, daß Materie, wenn man sie näher untersucht und in ihre Bestandteile zerlegt, nichts anderes ist als Energie. Und wenn man Energie näher untersucht, ist sie durchsichtig, ist sie Licht. In den Religionen, in der Philosophie und in der Mystik war Licht immer etwas Wichtiges. Die Aussage »Du bist das Licht der Welt« ist eine Aussage über Energie, die unser wahres Wesen enthüllt.

Die moderne Wissenschaft erkennt jetzt in zunehmendem Maße die Wichtigkeit des Lichts. In dem neuen Zeitalter des erweiterten Wissens und Bewußtseins, in das die Menschheit eintritt, bringt das Licht die Welt der Wissenschaft und die Welt des Geistes zusammen. Einsteins berühmte Gleichung $E = mc^2$ sagt uns, daß Licht und Materie austauschbar sind. Licht scheint der Kern aller Dinge zu sein. Kurz vor Beginn dieses Jahrhunderts haben die Impressionisten aus Licht eine ganze Kunstform gemacht. Die Mystiker haben es immer gewußt und uns über die Jahrhunderte hinweg immer wieder daran erinnert, daß wir in Wahrheit Licht sind. Der Wissenschaftler wird jetzt zum Mystiker.

Nachdem die moderne Wissenschaft das Licht endlich als einen wichtigen Faktor für unsere Gesundheit und als Heilmittel anerkennt, werden wir unser Verständnis von dem Prozeß, der Gesundheit bedeutet, erweitern können — dadurch, daß wir wissen, woraus wir eigentlich bestehen. Dr. John Ott, der jahrelang die Auswirkung von Beleuchtung auf unsere Gesundheit untersucht hat, schreibt: »Ja es wurde nach einer Weile klarer, daß zwischen Licht und der mentalen und körperlichen Gesundheit des Menschen irgendeine geheimnisvolle Verbindung bestand.«[3]

Von seinen Forschungen enttäuscht, aber nicht entmutigt, entdeckte Dr. Ott Zusammenhänge zwischen künstlicher Beleuchtung und dem Funktionieren des endokrinen Nervensystems, bestimmten nervösen Störungen, Angst, Depression und sogar Krebs. »Wir sind in unserem Wissen über Licht und seinen Einfluß auf Krebs und auf abnormale Verhaltensweisen wie Depression und Hyperaktivität weitergekommen«, sagt Dr. Ott. »Wir haben über die Auswirkung von Kombinationen von Drogen und Licht auf das chemische Gleichgewicht des Körpers mehr erfahren.«[4]

Aus Dr. Ott's laufenden Forschungen wird ersichtlich, daß Krankheiten unserer modernen Zeit, chronische Müdigkeit und Unausgewogenheiten auf vielen Ebenen unseres Seins eng mit dem Vorherrschen aller Arten von künstlicher Beleuchtung zusammenhängen. Auch die tiefgreifende Wirkung, die farbiges Licht auf unseren Körper und unsere Psyche hat, ist seit Jahrhunderten bekannt, wenn auch Metaphysiker, Ärzte und andere Wissenschaftler sie nicht vollständig verstanden haben. Unsere Sprache enthüllt unser intuitives Wissen über den Zusammenhang zwischen Farben und Gesundheit. Wir sagen: »Er war grün vor Neid«; »sie sah rot, als er sie hinauswarf«; »die Farbe entwich aus seinem Gesicht«; »etwas durch die rosarote Brille sehen«. Alle solchen Aussagen sprechen von der Wirkung des Lichts auf unsere Stimmungen, Reaktionen und unseren körperlichen Zustand.

Dr. Ott spekuliert, daß in dem Maße, wie unser Wissen vom Licht und seinen Auswirkungen auf unsere Gesundheit zunimmt, »wir vielleicht einmal auf eine ›Lichtdiät‹ gesetzt werden, genauso, wie wir heute Nahrungsdiäten einhalten«.[5] Reiki ist in der Tat eine ›Lichtdiät‹-Wissenschaft, die wir jetzt in unserem Leben einsetzen können. Mit Reiki können wir sozusagen unser ganzes Sein mit reiner Lichtenergie ›füttern und auftanken‹. Kombiniert mit der richtigen Nahrung, körperlicher Bewegung und anderen lebenserhaltenden Elementen bringt Reiki uns in Kontakt mit dem Wesentlichen — dem Funken, dem Feuer, dem Licht des Lebens.

Auf biologischer Ebene hängt alles Leben vom Prozeß der pflanzlichen Photosynthese ab, in dem Lichtenergie in chemische Energie umgewandelt wird. Die Photosynthese, der größte natürliche chemische Prozeß auf dieser Erde, ist von der Lichtenergie abhängig. Der Prozeß von Reiki ist ähnlich. Reiki ist die ›Lichtenergie‹, ist seinem reinen Wesen nach Licht. Licht wird als ›eine elektromagnetische Strahlung, eine Quelle von Helligkeit‹ und als ›bestimmte Menge, Zufuhr oder Ausstrahlung von Helligkeit‹ definiert. Das Wort Reiki bedeutet universelle Lebensenergie, und es ist ein Weg, direkt mit der universellen Quelle des Lichts in Berührung zu kommen. Indem wir den einfachen Schritten der Reiki-Technik folgen und Reiki auf uns anwenden, kann diese Lichtenergie so umgewandelt werden, daß unser physischer, unser emotionaler und unser mentaler Körper sie aufnehmen können. Während der ganzen Reiki-Behandlung sind wir in Berührung mit unserem Geist, unserem Licht.

Reiki ist ein direktes Mittel zur persönlichen Transformation. Die inneren Erfahrungen, die Du durch die tägliche Anwendung von Reiki machst, werden Dein Bewußtsein erweitern. Mit Reiki hast Du ein Mittel, um mit Dir, Dir selbst, mit dem Licht Deiner wahren Quelle in Berührung zu sein. Der Vergleich mit der pflanzlichen Photosynthese zeigt, wie Reiki auch äußerlich Heilung und Ganzwerdung fördern kann. In unserem äußeren Selbst, das aus Körper, Gefühlen und Denken besteht, führt Reiki, das uns mit Lichtenergie in Berührung bringt, zu Heilung, Wohlbefinden und Ganzheit. Bei manchen Menschen geht dieser Prozeß langsam vor sich, bei anderen jedoch kann er sehr schnell, ja sogar augenblicklich geschehen.

Normales Licht ist meist gestreut. Licht in Form eines Laserstrahls ist gebündelt und gerichtet, und seine Kraft ist deshalb sehr viel stärker. Ein Laserstrahl kann zum Beispiel alle Informationen aller Fernsehsender *gleichzeitig* zu Empfangsgeräten überall auf der Welt transportieren. Ein Laserstrahl kann auf den Mond gerichtet werden oder — für Operationen, ohne die Komplikationen der älteren medizinischen Techniken — auf den menschlichen Körper.

Die Energieübertragungen in der Reiki-Technik bringen uns in ähnlicher Weise mit einer Art Lichtstrahl in Berührung. Die Reiki-Behandlung bewirkt eine Erneuerung und Harmonisierung der natürlichen Energie in unserem ganzen Sein. Indem wir den eigentlichen Prozeß dieser Behandlung durchführen, meistern wir außerdem die Fähigkeit, in Übereinstimmung mit dem natürlichen Fluß und mit dem Wesen der Lebensenergie auf den äußeren Ebenen Energie zu lenken. Gleichzeitig senden wir diese Lichtenergie zu den nichtmateriellen Ebenen unseres eigenen Seins, unseren Emotional- und Mentalkörpern. Dabei kommen wir in Berührung mit unserem wahren inneren Licht und werden uns dessen bewußt, was wir wirklich sind: – Licht. Im Laufe unserer weiteren Entwicklung mit dieser neuen Fähigkeit lernen wir, unser wahres Ich, unser Licht, wirksamer durch die äußeren Formen auszudrücken. Dieser äußere Ausdruck des Lichts ist nichts anderes als wahre, bedingungslose Liebe, Brüderlichkeit und guter Wille unter allen Menschen.

Reiki ist also seinem Wesen nach Lichtenergie. Die Technik der Anwendung dieser ›Reiki‹ genannten Lichtenergie ist eine Wissenschaft des Lichts. Ich hoffe, daß Du durch die Informationen, die ich in diesem Buch gegeben habe, tiefer und klarer erfassen kannst, was Reiki und seine Methode sind. Ich hoffe, daß die zur Erklärung von Reiki benützten Vergleiche in jedem einzelnen Leser ein intuitives Verständnis wachrufen werden, denn die Wörter selbst sind zu begrenzt. Man muß sich auch darüber klar sein, daß uns beim Beschreiben des Wesens von Reiki dieselbe Schwierigkeit begegnet, die Einstein 1938 feststellte: »In unserem Bemühen, die Wirklichkeit zu verstehen, gleichen wir ein wenig einem Menschen, der versucht, den Mechanismus einer geschlossenen Uhr zu verstehen. Er sieht das Zifferblatt und die sich bewegenden Zeiger, er hört sogar das Ticken, kann jedoch das Gehäuse nicht öffnen. Wenn er klug ist, mag er sich vielleicht irgendein Bild von dem Mechanismus machen, der für all die Dinge, die er beobachtet, verantwortlich sein könnte.«
Im alten Tibet vor vielleicht über zehntausend Jahren wußten Menschen um unsere wahre Natur. Über die Jahrtausende hinweg ist die Information, wie wir mit dem Licht in Verbindung kommen können, erhalten und weitergegeben worden – in viele äußere Formen gekleidet, in Symbo-

len dargestellt oder verborgen und in Form von Tönen gebracht.

Reiki ist die Wiederentdeckung einer alten Technik und eine Kunst und Wissenschaft des Lichts, die im anbrechenden neuen Zeitalter der Menschheit als ein Hilfsmittel für unsere Verwandlung wieder in unser Blickfeld gerückt ist.

Carl Sagan drückt das in seinem Buch ›Kosmos‹ so aus:

»Denn wir sind die lokale Verkörperung eines Kosmos, zu Selbst-Bewußtheit herangewachsen. Wir haben angefangen, unsere Ursprünge zu betrachten: Sternmaterial, das über die Sterne nachdenkt; organisierte Anhäufungen von zehn Billionen Billionen Billionen Atomen, die Erwägungen über die Evolution der Atome anstellen; wenn wir den langen Weg betrachten, auf dem hier endlich Bewußtsein entstand, ... sind wir nicht nur uns selbst schuldig zu überleben, sondern auch jenem uralten und endlosen Kosmos, dem wir entstammen.«[7]

8

Der Ursprung von Reiki

*»Wir sind, sowohl als Einzelne als auch als Gattung,
eindeutig zum Erwerb von sehr viel Wissen angelegt,
und nicht dazu,
in jenem freiwilligen Zustand scheuklappenbehafteter
Unwissenheit zu verharren,
die soviele Menschen kennzeichnet,
denen alle Möglichkeiten der Welt zur Erweiterung
ihres Wissens und ihres Horizonts zur Verfügung stehen.
Unwissen ist meistens freiwillig,
und daran ist nichts Gesundes; sie zeugt nur von Enge,
Beschränktheit, Verarmung des Geistes und Engstirnigkeit.«*

Ashley Montagu

Wenn wir die Geschichte des Lebens und der Aktivitäten
der Menschheit auf diesem Planeten betrachten, sind sicher
die meisten von uns beeindruckt von dem Aufstieg und Nie-
dergang der verschiedenen Gruppierungen und Nationen.
Wir sehen lange Listen von scheinbar endlosen Kriegen,
von Unterdrückung, Zerstörung und Eroberung. Das Streben des Menschen nach Macht und Herrschaft über andere
beeindruckt uns sicherlich auch.

Wir sehen seine Vorurteile, seinen Haß, seine Intoleranz und seine Morde, die durch die Rationalisierungen der jeweils vorherrschenden politischen und religiösen Dogmen gerechtfertigt wurden.

Wenn wir unsere Geschichte jedoch gründlich genug betrachten, entdecken wir ebenso zahllose Individuen und Gruppen, die eine andere Art von Bewußtsein zum Ausdruck bringen. Wir hören sie für Frieden, Brüderlichkeit und bedingungslose Liebe sprechen. Wir hören sie Zeugnis ablegen von einer anderen Art der Wahrnehmung der Welt, von unseren Beziehungen zu anderen und unserem natürlichen Platz im Kosmos. Wir können sie aus eigener persönlicher Erfahrung erzählen hören, daß eine größere Perspektive möglich ist. Aus allen Zeitaltern in allen Zivilisationen der Vergangenheit und der Gegenwart auf diesem Planeten gibt es Zeugnisse höheren Bewußtseins. Bis jetzt lag die Hauptaufmerksamkeit jedoch mehr auf Separatismus, Egoismus und auf in modernen Zeiten zunehmendem Materialismus im Westen und jetzt auch im Osten.

In all meinen akademischen Studien bin ich darauf gestoßen, daß jener ›andere Wissenskomplex‹ tatsächlich existierte, und daß die Menschheit offenbar seit Jahrmillionen darum wußte. Es sieht so aus, als ob der Schlüssel zu diesem ›höheren Wissen‹ und genaue Informationen bezüglich der Natur der Energie und der Lebenskraft seit Äonen vorhanden waren.

Wie und wann hat das alles begonnen? Woher kommt dieses Wissen? Auch der moderne Mensch mit all seiner scheinbaren Bildung hat die Geheimnisse seiner Herkunft, seiner Welt und seines Universums nicht gelüftet. Wir entdecken immer mehr Hinweise darauf, daß manche alten Völker einen sehr hohen Grad an naturwissenschaftlicher Erkenntnis besaßen, die mit den Entdeckungen der neuen Physik des 20. Jahrhunderts übereinstimmt. In ›Mysticisme and the New Physics‹ sagt Michael Talbot: »Zwischen den alten Philosophien des Ostens und den neu entstehenden Philosophien des Westens gibt es sehr viele Parallelen. Manche Konzepte sind so ähnlich, daß es unmöglich wird, zu unterscheiden, ob bestimmte Aussagen von einem Mystiker oder von einem Physiker gemacht werden.«

Die Menschheit hat immer einen Wissensschatz besessen, etwas, was man vielleicht zeitlose Weisheit nennen würde, der durch Lehrer, Priester, Helden und andere Menschen von Mund zu Mund weitergegeben wurde.

In der späteren Entwicklung des Menschen ist dieses innere Wissen, das die Mysterien des Lebens und die sogenannten ›geheimen‹ Gesetze des Universums enthüllt, in vielerlei Formen niedergeschrieben und gespeichert worden. Es entwickelte sich ein komplexes System von Symbolen, Farben und Tönen. Im Laufe der Jahrhunderte konzentrierte der Mensch seine Aufmerksamkeit immer mehr auf egoistische Ziele und auf die materielle Welt. Um einem Machtmißbrauch vorzubeugen, wurden die Weisheitslehren sorgfältig hinter einer verschleierten und schwer verständlichen Sprache verborgen.

Seine ganze lange Geschichte hindurch ist das Wissen um das, was wir jetzt ›Reiki‹ nennen, mündlich von Lehrer zu Schüler weitergegeben worden. Der Ursprung von Reiki ist im alten Tibet von vor vielen vielen tausend Jahren zu finden. Die alten Tibeter besaßen ein Wissen und Verständnis vom Wesen der Materie und der Energie, das die neue Physik erst jetzt wiederentdeckt hat. Als Einstein in seiner Formel $E = mc^2$ verkündete, daß Licht und Materie austauschbar sind, war das eine Wiederentdeckung von etwas, was die Mystiker seit Jahrtausenden zu wissen schienen. Jetzt wird der Wissenschaftler zum Mystiker. Einstein enthüllt dem aufmerksamen Zuhörer seinen inneren Prozeß, wenn er sagt: »Zu meinem Verständnis der grundlegenden Gesetze des Universums bin ich nicht durch mein rationales Denken gelangt.«

Es sieht so aus, als ob dieses Wissen darum, wie wir uns die universelle Lebenskraft verfügbar machen können, mit der Zeit von Tibet nach Indien gelangte. Von Indien aus wanderte es in verschiedenen äußeren Formen über Ägypten, Griechenland und Rom in den Westen. Die alten Mysterienschulen bewahrten und schützten dieses innere Wissen, und nur besonders Auserwählte, die Elite und die privilegierten Klassen erhielten Zugang dazu. Moderne Forscher sind diesem inneren Wissen oft begegnet; weil es jedoch in unverständliche und mehrdeutige Sprache und Symbole gekleidet war, wurde es mißinterpretiert.

Im Osten gelangte dieses Wissen nach China und nach Japan und wurde auch dort in viele äußere Formen gekleidet, in Symbole und alte unverständliche Sprachen verhüllt.

Woher die Menschheit dieses Wissen ursprünglich bekommen hat, bleibt noch immer ein Geheimnis. In ›The Sirius Mystery‹ gibt uns der Astronom Robert Temple einen wissenschaftlichen, ehrlichen und doch vorsichtigen Bericht von einer anthropologischen Studie des Dogon-Stammes in Afrika, der ein unglaubliches Wissen über Sirius (der auf englisch ›Dog-Star‹ genannt wird, Anm. d. Übers.) besitzt. Hat es in unserer fernen Vergangenheit Kontakte mit Wesen von höherer Intelligenz und Bewußtheit gegeben, die uns dieses Wissen um die Aktivierung höherer Energien im Menschen übermittelt haben? Es gibt tatsächlich auf unserem Planeten starke Hinweise darauf, daß irgendeine Art von Kontakt stattgefunden hat.

Jeder Mensch besitzt die Fähigkeit, sich universelle Energie in bestimmtem Ausmaße verfügbar zu machen. Für jedes auf dieser Ebene lebende Wesen ist offensichtlich, daß wir alle durch unseren Atem mit der Lebenskraft in Verbindung sind. Auch können wir einander durch die Kraft unserer Berührung Lebenskraft übermitteln. Manche Menschen können anderen durch Gedankenformen Energie senden.

In alten Zeiten waren Schlüssel bekannt, wie die natürliche Energie in uns aktiviert und ausgerichtet und unser Bewußtsein auf eine höhere Ebene gehoben werden kann.

Ungefähr Mitte des 19. Jahrhunderts entdeckte Dr. Mikao Usui in alten Texten solche Schlüssel wieder, die als Katalysator zur Befreiung dieser natürlichen Energie dienen. Später in seinem Leben nannte er diese präzise Technik zur Aktivierung und Verfügbarmachung natürlicher Energie und die wissenschaftliche Methode, diese Energie anzuwenden oder zu lenken, ›Reiki‹.

Die Geschichte von Dr. Usui's Suche nach diesem Wissen läßt sich wohl am besten als Legende bezeichnen. Wie das oft in unserem Lebensprozeß und bei vergangenen Ereignissen der Fall ist, wurden keine detaillierten Aufzeichnungen darüber gemacht. Dr. Usui's Geschichte ist jedoch im wesentlichen die eines Menschen, der, wie so viele Menschen heute, nach innerer Wahrheit und Erleuchtung suchte. Dieser Legende zufolge war Dr. Usui ein Gelehrter, der christlicher Geistlicher geworden war, und in einem Seminar in der japanischen Stadt Kyoto unterrichtete. Er hatte ebenso wie seine Studenten gelernt, daß früher durch die Kraft der Hände geheilt werden konnte. Wie dies vor sich ging, konnte Dr. Usui jedoch nicht lehren. Nach tiefer innerer Besinnung zog er sich von der Schule zurück und reiste nach Amerika, in der Hoffnung, dort das Wissen zu finden, das ihm fehlte. Er hatte jedoch keinen Erfolg. Er kehrte nach Japan zurück und reiste später nach Indien.

Dr. Usui hatte die alte indische Sprache Sanskrit gelernt, die heute relativ wenige Menschen kennen. Auf seiner Suche und durch seine persönliche Hingabe an seine Mission fand er schließlich die Schlüssel zu diesem speziellen Wissen. Sie waren als Formel in Sanskrit aufgeschrieben.

Die Formel basiert auf einer Reihe von Symbolen, die, wenn sie in Bewegung gesetzt werden, universelle Energie aktivieren und verfügbar machen . Es sollte gewiß niemanden von uns überraschen, daß dieses Wissen wiedergewonnen werden konnte, wo es doch Tausende von Jahren in verschiedenen Formen bekannt war. Es war der große Verlust des modernen Menschen, den Kontakt mit diesem Wissen und mit dieser Verbindung verloren zu haben.

Man kann einen Vergleich zu Einsteins moderner Formel ziehen, die die tiefe wissenschaftliche Entdeckung enthüllte, daß Materie und Energie ein und dasselbe sind. Er schrieb diese Formel in Symbolsprache: $E = mc^2$, und hinterließ Anweisungen, wie dieses Wissen zu gebrauchen und weiterzuverwerten sei.

Im Verlauf der nächsten zehntausend Jahre werden vielleicht viele Zivilisationen aufgestiegen und niedergegangen sein. Wissen, das wir heute zur Verfügung haben, wird verlorengegangen, zerstört und begraben sein. Wir müssen auch in Betracht ziehen, daß das Wissen, wie $E = mc^2$ funktioniert, heute nur wenigen Menschen bekannt ist, und von noch wenigeren wirklich verstanden wird. Ein paar Menschen wissen heute sogar, wie die Formel $E = mc^2$ in Energieformen, genannt Atombombe, und verschiedene andere derartige Dinge aktiviert werden kann.

Um in unserem Vergleich fortzufahren, wollen wir davon ausgehen, daß eine Reihe von Menschen von diesem Wissen gehört haben, daß aber nur wenige es benutzt, daraus gelernt und es bewahrt haben. Im Verlaufe der Jahrhunderte geht die Formel $E = mc^2$ irgendwie verloren. Dann, eines Tages im Jahre 11981 entdeckt jemand die Gleichung und die Anweisungen, wie sie zu verwenden ist, wieder.

Tatsächlich ist $E = mc^2$ auch eine Formel zur Verfügbarmachung universeller Energie, genauso wie die von Dr. Usui wiederentdeckte Formel. Die Anweisungen, die er auch entdeckte, enthielten Hinweise, wie diese Lebensenergie auf alle Teile unseres lebendigen Seins angewandt werden kann. Diese Anweisungen liefern tatsächlich eine präzise wissenschaftliche Methode, die dazu benutzt werden kann, durch die Anwendung von natürlicher Energie Gesundheit und Ganzheit zu erlangen und/oder höhere Ebenen des Bewußtseins zu aktivieren.

Dr. Usui nannte diese Technik und diesen Prozeß ›Reiki‹, ein japanisches Wort für universelle Lebensenergie. Um nach der Reiki-Formel eine höhere Ebene natürlicher Energie zu aktivieren, bedarf es lediglich eines lebenden Übermittlers und eines lebenden Empfängers. Das heißt, daß die Übertragung oder Einstimmung von einem Menschen zu einem anderen stattfindet. Die Person, die die Übertragung vornimmt, hat das in den von Dr. Usui entdeckten Formeln überlieferte Wissen gemeistert.

In den letzten Jahren seines Lebens gab Dr. Usui dieses Wissen an mehrere Menschen in Japan weiter, die sich dann Reiki-Meister nannten. Die Methode des Lehrens und Erhaltens dieses Wissens wurde mündlich von Lehrer zu Schüler weitergegeben. Ein echter Reiki-Meister hat eine Reihe von Energieübertragungen bekommen und ist in der Lage, in anderen Menschen Energie zu aktivieren. Ein anerkannter Reiki-Meister kann andere auch darin unterrichten, wie diese wissenschaftliche Methode, nach der Aktivierung der Energie, angewandt werden kann.

Mitte der dreißiger Jahre dieses Jahrhunderts reiste eine amerikanische Staatsbürgerin japanischer Herkunft, die im Jahre 1900 auf den Inseln von Hawaii geboren worden war, nach Japan. Ihr Name war Hawayo Takate. Sie war Witwe und hatte zwei kleine Töchter. Ihr Gesundheitszustand war ernsthaft geschwächt. Sie kehrte in das Haus ihrer Eltern in Japan zurück, um sich auf den Tod vorzubereiten und ihre Töchter in der Obhut ihrer Eltern zu lassen.

Während der Wochen und Monate, die sie in Japan verbrachte, erfuhr sie von einer Reiki-Naturheilklinik in Tokio. Sie suchte diese Klinik auf und wurde sofort mit Reiki behandelt. Sieben oder acht Monate lang ging sie täglich in die Reiki-Klinik und bekam von zwei Reiki-Therapeuten die festgesetzte Reiki-Behandlung. Nach etwa acht Monaten war Frau Takatas Gesundheit und Lebensenergie wiederhergestellt.

Diese Erfahrung war der Wendepunkt in ihrem Leben. Sie war nicht nur geheilt, sondern war mit einer tiefen und reinen Quelle natürlicher Energie in Berührung gekommen, die sie körperlich, emotional, mental und spirituell verwandelt hatte. Durch Reiki war ohne Operation ihr Leben gerettet worden. Ihr Wunsch war nun, selbst die Reiki-Methode zu lernen und die Leiden anderer Menschen erleichtern und ihnen die Gelegenheit geben zu können, die Weisheit zu erlangen, die man bekommt, wenn man diese tiefgreifende Technik anwendet.

In den letzten Jahren, die Takata noch in Japan blieb, wurde sie in Reiki unterrichtet. Sie sammelte Erfahrungen mit dem Gebrauch von Reiki, indem sie in der Klinik mit Menschen arbeitete. Gegen Ende der dreißiger Jahre kehrte sie nach Hawaii zurück und begann einen neuen Abschnitt ihres Lebens.

Ihre Geschichte ist einfach, aber sehr beeindruckend: die Geschichte einer Frau, die entschlossen ist, zum Heilungsprozeß anderer Menschen beizutragen. Einige Monate später wurde sie Reiki-Meisterin und konnte so ihren Traum erfüllen, andere in dieser wunderbaren Technik zu unterrichten.

Während der nächsten Jahre lehrte Frau Takata Reiki, hauptsächlich im abgelegenen Inneren der Inseln von Hawaii. Da sie über wenig formelle Schulbildung verfügte, verließ sie sich beim Verbreiten ihres Wissens auf eine natürliche Intelligenz. Sie hatte die Tiefe von Reiki inutitiv erkannt, auch wenn ihr wissenschaftliches und akademisches Wissen fehlten. Erst ungefähr 1975, als sie 75 Jahre alt war, unterrichtete sie andere in dem Wissen, wie diese Energie einer höheren Ordnung aktiviert werden kann. 1980 starb Hawayo Takata.

Frau Takata erzählte mir die Einzelheiten der Legende von Dr. Usui. Sie war Dr. Usui jedoch nie persönlich begegnet, denn er starb Jahre bevor sie nach Japan kam und Reiki kennenlernte. Ihre Erzählung seiner Geschichte war ein langer, verwickelter, dramatisch überhöhter und ein wenig spekulativer Bericht aus dritter oder vierter Hand. Im Einklang mit den Zielen dieses Buches habe ich einige der Ereignisse der Wiederentdeckung dieser tiefgreifenden Technik in Umrissen wiedergegeben. Das Wichtigste war, daß Dr. Usui diese einzigartige Methode wiederentdeckte und sie ›Reiki‹ nannte.

Frau Takate war die Brücke, durch die dem Westen in der Form von Reiki ein verlorenes Wissen und eine Kunst und Wissenschaft des Heilens wieder zugänglich gemacht wurde. Reiki ist jetzt als neues Werkzeug wiederauferstanden. Dr. Usui war der Katalysator, ohne den die Wiederentdeckung dieses Wissens nicht stattgefunden hätte.

Meine eigene akademische Ausbildung, in der ich mich auf klassische Zivilisationen und Sprachen und unter anderem auch auf Studien des alten Ägypten und der Zivilisationen des Nahen Ostens spezialisiert hatte, befähigten mich dazu, zu erkennen, was Reiki seinem Wesen nach wirklich ist. Dieses Wissen machte es mir möglich, Reiki zu identifizieren, diese Information mit anderen, die die Vergangenheit der Menschheit vielleicht nicht in solcher Einzelheit studiert haben, zu teilen und sie frei von äußeren Verzierungen eines begrenzenden Dogmas in einen zeitgenössischen Rahmen zu stellen. Wie schon früher erwähnt, kann dieses

Wissen über Tausende von Jahre bis nach Tibet zurückverfolgt werden. Es ist jetzt als ›Reiki‹ wiederaufgetaucht, und wir alle, die wir in das neue Zeitalter der Menschheit hineingehen, die wir unsere Kraft wiederherstellen und lernen, gesund und ganz zu werden, können es für uns in Anspruch nehmen.

In den Anfangskapiteln dieses Buches habe ich vom neuen Zeitalter der Menschheit gesprochen, das gerade geboren wird. Eines der Kennzeichen dieses neuen Zeitalters ist, daß Wissen, wie Gesundheit, Ganzheit und Erleuchtung erreicht werden können, jetzt für jeden zur Verfügung steht, der daran interessiert ist, und nicht auf eine Elite oder wenige Auserwählte begrenzt ist. Die Menschheit als Ganzes befindet sich in einem tiefgreifenden Übergangsstadium von einer Entwicklungsstufe zur nächsten − von einer Bewußtseinsebene zur nächsten.

Reiki ist ein altes Wissen, das von Dr. Usui für das neue Zeitalter zutage gebracht wurde. Es ist sowohl ein tiefgreifendes Hilfsmittel für Wachstum und Transformation, als auch eine sanfte, subtile, und doch machtvolle Kunst und Wissenschaft zur Erlangung von Heilung und Ganzheit. Reiki zeigt uns direkt, wie wir uns natürliche Energie verfügbar machen und sie benutzen können. Es gibt keine angemessenen Worte, um die Weisheit, die wir durch den Gebrauch von Reiki in unserem täglichen Leben erlangen werden, in ihrem ganzen Umfang zu beschreiben.

Teil II

»Die Gesundheit ist ein wertvolles Ding…
eigentlich das einzige,
wonach zu streben es sich nicht nur mit Zeit,
Schweiß, Mühe und weltlichen Gütern lohnt,
sondern mit dem Leben selbst,
denn ohne Gesundheit wird das Leben
zu einer Last und einer Not.«

Montaigne

9

Reiki im täglichen Leben

*»Jedes Ungleichgewicht wird als Bedürfnis empfunden,
dieses Ungleichgewicht wieder zu beheben.«*

Fritz Perls

Reiki ist eine Technik, um universelle Lebensenergie einer
höheren Schwingung in uns zu aktivieren, und eine genau
festgelegte Methode, um diese Energie anzuwenden, um uns
in einen Zustand der Ausgewogenheit zu bringen und uns
zu heilen. Eine der Grundlagen ganzheitlicher Gesundheit
und ganzheitlicher Lebensführung ist, daß wir die Verantwortung für unsere eigene Gesundheit, unser Wohlbefinden, und die Entfaltung unseres Bewußtseins selbst übernehmen. Reiki ist eine einzigartige Methode, um die Kräfte,
die in jedem von uns zu finden sind, zu erschließen, und
Reiki läßt sich in unserem täglichen Leben leicht auf verschiedene Weisen anwenden. Die Reiki-Methode gibt uns
ein direktes Mittel, um die Lebensenergie, die wir bei täglichen Aktivitäten jedweder Art verbrauchen, wieder herzustellen. Wenn wir den ganzen Tag über unsere Lebensenergie verbrauchen oder erschöpfen, *ohne* sie in angemessenem
Maße wieder aufzufüllen, entsteht dadurch ein Ungleichge-

wicht, das uns körperlich, emotional, mental und geistig beeinträchtigt.

Reiki ist *kein* Ersatz für natürliche Nahrung und auch nicht für angemessene körperliche Betätigung. Es ist jedoch eine wichtige Quelle natürlicher Energie, die alle unsere Aktivitäten unterstützt. So haben viele Sportler am Reiki-Seminar teilgenommen, um die beim Sport und im Training verbrauchte Energie wieder auffüllen zu können.

Reiki kann sofort benutzt werden, um Energie aufzutanken. Reiki kann wirksam dafür verwendet werden, Dich in den Situationen und Interaktionen, die Dir täglich begegnen, körperlich, emotional und mental in einen Zustand der Ausgewogenheit zu bringen. Reiki hilft auch, blaue Flekken, Beulen, Verbrennungen und Schnittwunden oder andere Verletzungen, die Du Dir bei Deinen täglichen Aktivitäten zuziehen magst, zu behandeln.

Kopfschmerzen sind eines der häufigsten Leiden unserer heutigen Gesellschaft. Untersuchungen zeigen, daß in unserer westlichen Welt täglich Millionen von Aspirin oder anderen schmerzstillenden Tabletten konsumiert werden. Was ich am häufigsten über Reiki höre ist, wie wirksam es Kopf- und andere Schmerzen behebt. Migräne spricht, bei regelmäßiger Behandlung über mehrere Wochen oder Monate hinweg, gut auf Reiki an. Gewöhnlich kann mit Hilfe von Reiki das ganze Verhaltensmuster, das zu Migräne führt, geheilt werden. Kopfschmerzen sind ein wichtiges Signal für ein Übermaß an negativer Belastung oder unausgewogenen Energien. Reiki wirkt streßabbauend und energieharmonisierend und fördert gleichzeitig die Entwicklung von positiven Reaktionen auf Streßsituationen, so daß sowohl die Ursache als auch die Symptome geheilt werden.

Wenn Du die Reiki-Technik einmal gelernt hast, kannst Du ihre grundlegenden Prinzipien auf jedwede Krankheit oder Energieunausgewogenheit Deines täglichen Lebens anwenden. Mit Reiki kannst Du Dir auch bei Allergien, Arthritis und anderen chronischen Energiestörungen Erleichterung verschaffen. Wenn Du Reiki so einsetzt, wie *Du es gelernt hast,* kannst Du große Energiereserven aufbauen, so daß Du in schwierigen Zeiten Deines Lebens etwas hast, worauf Du ›zurückgreifen‹ kannst, ohne Dich völlig zu erschöpfen. Wenn Du ständig Lebensenergie verbrauchst, ohne sie in angemessener Weise wieder aufzufüllen, führt das meist zu einer Schwächung des Immunsystems. Das Immunsystem ist die natürliche Abwehr des Körpers gegen Krankheiten. Mit Reiki hast Du eine Technik, die das Immunsystem sehr wirksam harmonisiert und stärkt.

Im zweiten Teil dieses Buches findest Du genauere Anweisungen dafür, wie Du Reiki zur Energieharmonisierung, zum Heilen und Ganzwerden und zum Erlangen echten Wohlbefindens einsetzen kannst. Die Forschung konnte inzwischen einen Zusammenhang zwischen übermäßiger Streßbelastung und Schäden des Immunsystems feststellen, die dann meist zu Krankheiten führen. Es wird deshalb besondere Aufmerksamkeit auf Reiki in Zusammenhang mit Streß und Entspannung gelegt. Streßabbau und die Förderung positiver Reaktionen auf belastende Situationen scheinen ein wesentlicher *Schlüssel* zu einem harmonischen Energiehaushalt, zu echtem Wohlbefinden, Ganzheit und sogar zur Erleuchtung zu sein. Sei Dir beim Lesen darüber bewußt, daß *alle Reiki-Prinzipien* auf *alle* Krankheiten und Störungen *anwendbar* sind, ganz gleich, ob eine spezifische Krankheit, die Dich vielleicht besonders interessiert, erwähnt wird oder nicht. Reiki ist universelle Lebensenergie, und die Technik kann gefahrlos auf jeden lebendigen Organismus angewendet werden. Du findest in diesem Kapitel auch andere Beispiele für positive Erfahrungen, die einzelne Menschen mit Reiki allein, oder Reiki in Kombination mit medizinischen oder anderen Behandlungen, gemacht haben.

Das Kapitel über Reiki im Zusammenhang mit Tod und Sterben soll Dir helfen zu verstehen, daß Sterben und der Todesprozeß ein natürlicher und sehr wichtiger Teil unseres Lebens ist. Eine der ersten und vielleicht auch die schwierigste Lektion, die wir auf unserem Weg zur Heilung und Ganzheit lernen müssen, ist die, feste Vorstellungen und die Erwartung ganz bestimmter Ergebnisse loszulassen. Das Leben ist ein *Prozeß,* kein *Ergebnis* von irgendetwas. Heilen, Ganzwerden und das Gleichgewicht von Energien sind ein Prozeß, und Sterben ist ein natürlicher Teil der Lebenserfahrung. Sterben und erneuert werden, bzw. in andere Zustände des Seins wiedergeboren werden, sind natürliche Zyklen, innerhalb derer unsere ganze Lebenserfahrung stattfindet. Reiki ist eine alte Weisheit, die wir jetzt benützen können, um uns selbst und anderen im Prozeß des Sterbens Unterstützung und Anleitung zu geben.

Reiki paßt auf *natürliche Weise* zu allem, was im ›Hier und Jetzt‹ Deinen eigenen individuellen Prozeß ausmacht. Der Schlüssel zur Unsterblichkeit liegt im erwachenden Bewußtsein, nicht in einem Festhalten an äußeren Formen, seien diese physischer, emotionaler oder mentaler Art. Ein Schritt zu wacherem Bewußtsein ist, daß Du dem Entfaltungsprozeß Deines Lebens, dem was heute oft als ›mit dem Fluß gehen‹ bezeichnet wird, *vertraust.*

Reiki ist eine spezielle Technik, die Dir da hilft, *wo Du gerade bist,* und Dich an jedem Tag Deines Lebens sanft dazu ermutigt, Dich weiter zu öffnen.

Hier eine wundervolle Sufi-Geschichte zum Nachdenken:

Der große Weise der Sufis, Mullah Nasrudin, betrat einmal einen Laden und fragte den Besitzer: »Haben Sie mich schon einmal gesehen?« – »Nein!« antwortete der Ladenbesitzer. »Woher wissen Sie dann«, rief Nasrudin, »daß ich es bin?«

10

Streß, Entspannung und Reiki

>*»Es gibt zwei Wege zum Überleben:*
>*Kampf und Anpassung.*
>*Und meist ist Anpassung der erfolgreichere Weg.«*

Hans Selye

Streß, wie ihn die medizinische Forschung definiert, ist die tägliche Belastung, der wir körperlich, emotional, mental und geistig ausgesetzt sind. Dr. Hans Selye, der Direktor des Instituts für experimentelle Medizin und Chirurgie der Universität von Montreal und führend auf dem Gebiet der Streßforschung, definiert Streß als »die unspezifische Reaktion des Körpers, auf jegliche Anforderung«.[1]An und für sich sind Streßreaktionen also weder gut noch schlecht, und Dr. Selyes Definition zeigt deutlich, daß wir um Streßreaktionen nicht herumkommen. Streß kann man jedoch in zwei grundlegende Kategorien einteilen: positive, die uns Freude, Gleichgewicht, Wohlbefinden und Ganzheit bringen und negative, die Dr. Selye *Notlagen* (engl. distress, Anm. d. Übers.) nennt, die uns Energie entziehen, unsere Vitalität und Widerstandskraft schwächen und uns auf allen Ebenen unseres Seins für Krankheiten anfällig machen. Aktuelle Forschungen ergeben, daß wir, wenn wir in unserem Leben über längere Zeit hinweg oder übermäßig negativen Belastungen ausgesetzt sind, anfangen, an physischen, emotionalen und mentalen Unausgewogenheiten zu leiden. Wir altern vorzeitig und bekommen vielleicht chronische Krankheiten. Emotional verlieren wir unsere Fähigkeit, mit bestimmten Dingen fertig zu werden. Wir werden ängstlich, depressiv, erschöpft und gereizt. Im mentalen Bereich werden wir verwirrt, unfähig klar zu denken und rationale Entscheidungen zu treffen. Im geistigen Bereich fühlen wir uns innerlich leer, gelangweilt, zynisch und im wesentlichen unerfüllt. Streß kann sich in solchem Ausmaß anhäufen, daß ein Mensch nicht mehr damit fertig wird und das Ergebnis ist Krankheit. Über lange Jahre hinweg fortgeführte Forschungen über den Zusammenhang zwischen Streß und Krankheit haben gezeigt, daß tatsächlich eine Verbindung besteht.

In seinem Buch ›The Relaxation Response‹ weist Dr. Herbert Benson darauf hin, daß das menschliche Nervensystem so angelegt ist, daß es ein gewisses Maß an Streß verkraften kann. Es reagiert auf äußere Bedrohungen mit sogenannten ›Kampf- oder Flucht‹-Impulsen. Der moderne Mensch befindet sich jedoch oft in Situationen, wo er seine natürliche Kampf- oder Fluchtreaktion unterdrückt. Wenn Dein Chef sich bei der Arbeit über Dich lustig macht, oder Dein Ehepartner oder Elternteil Dich ständig verbal attakkiert, oder Du täglich diversen äußeren Anforderungen unterstehst, reagiert Dein Körper mit Notsignalen.

Unglücklicherweise ist in vielen dieser Situationen Kampf oder Flucht nicht angemessen. Infolgedessen unterdrückst Du ständig Deine Streßreaktionen. Das Ergebnis ist eine chronische Notsituation — festgehaltener, nicht aufgelöster Streß. Wie Dr. Carl Simonton, die führende Autorität in der

Krebsforschung, es ausdrückt: »Chronischer Streß, das wird in zunehmendem Maße erkannt, spielt eine bedeutende Rolle in vielen Krankheiten.«[2]

Dr. Harold Bloomfield, ein führender Vertreter des ganzheitlichen Ansatzes, zählt zu den Hauptsymptomen von übermäßigem Streß unter anderem Einschlafschwierigkeiten oder Schwierigkeiten mit dem Durchschlafen, Spannungskopfschmerzen, unbegründete Ängste, sich überdreht fühlen, sich ›im Loch‹ fühlen, chronische Müdigkeit, Tränensäcke oder dunkle Ringe unter den Augen, Sorgen, Konzentrationsunfähigkeit, Reizbarkeit, häufige Magenverstimmung, häufige Verstopfung, häufige Erkältungen, häufige Wutanfälle und übermäßiges Trinken, Rauchen und Essen. Nicht aufgelöster Streß führt auch zu bestimmten körperlichen Veränderungen, die sich schädlich und manchmal verheerend auf unsere Gesundheit und unser Wohlbefinden auswirken. Solche Veränderungen sind zum Beispiel chemische Reaktionen, Hormonveränderungen, Muskelspannungen, erhöhte Herztätigkeit, schnellerer Atem, Kreislaufschwierigkeiten, Anspannung unser inneren Drüsen und Organe, Angst und Depression. Es gibt viele Anzeichen, die die körperlichen Auswirkungen von Streß demonstrieren. Dr. Selye's Forschungen haben außerdem gezeigt, daß zwischen chronischem emotionalem und mentalem Streß und Erkrankungen des Immunsystems eine eindeutige Verbindung besteht. Es besteht zweifellos eine bedeutsame Verbindung zwischen unseren physischen, emotionalen, mentalen und geistigen Körpern. Körperliche Belastungen werden emotionale und mentale Streßreaktionen hervorrufen und umgekehrt.

In unserer modernen Gesellschaft müssen wir lernen, mit den streßverursachenden Elementen unseres täglichen Lebens fertig zu werden. Zuerst müssen wir lernen, das, was das Übermaß an negativen Belastungen ins uns *verursacht,* zu erkennen. Unsere physische Umgebung kann selbst eine hochgradige Quelle negativer Belastung für uns sein. Äußere Einflüsse, zum Beispiel die Luftverschmutzung, unsere Nahrung, unser Wasser, zuviele Menschen um uns herum und ein hoher Lärmpegel verstärken unsere Belastung. Nehmen wir zum Beispiel das Thema Lärm und Streß. Die meisten von uns sind ständigem Lärm von Motorfahrzeugen und Maschinen ausgesetzt. Überall sind die Geräusche von Menschen zu hören, knallende Türen, quietschende Autoreifen und Flugzeuggeräusche über uns. In unseren Wohnungen und denen unserer Nachbarn hören wir fast ununterbrochen Geräusche von Fernsehgeräten, Stereoanlagen, Radios und eine unglaubliche Auswahl von ratternden Geräten, von denen manche niemals ausgeschaltet werden, sowie ständiges Telefongeläute. Wir müssen auch in Betracht ziehen, daß unsere emotionalen Reaktionen auf ständige starke Geräusche uns ebenfalls belasten können. Typische Reaktionen sind Ärger, Gereiztheit, Aggressivität, Frustration und Angst.

Untersuchungen haben gezeigt, daß starker und/oder langanhaltender Lärm sich auf unsere Ganzheit verheerend auswirken kann. Dr. Dale Hattis vom technologischen Institut in Massachusetts meint, daß »laute Geräusche möglicherweise die Haftfähigkeit der roten Blutkörperchen erhöhen, und daß dies langfristig zu chronischer Arteriosklerose, Arterienverhärtung beitragen kann.«[3]

Ständiger oder lauter Lärm als Quelle von Streß in unserem täglichen Leben ist natürlich nur ein Gebiet unserer Umgebung, das wir als Streßfaktor in Erwägung ziehen müssen.

Wenn wir unsere Gesundheit und unser Leben ganzheitlich betrachten, dann werden wir alle möglichen Streß verursachenden Faktoren in unserem Leben untersuchen. Wir werden nicht nur unsere physische Umgebung, sondern auch unsere persönlichen Beziehungen, unsere Grundeinstellungen zum Leben und zu unseren Mitmenschen, unsere beruflichen Aktivitäten und unsere persönlichen Interessen betrachten. Ich würde empfehlen, daß Du jetzt damit anfängst. Stelle eine Liste der negativen Belastungssymptome auf, die bei Dir am häufigsten sind. Dann mache eine Liste von den möglichen *Ursachen* für diese Symptome. Die Liste sollte physische sowie emotionale, mentale und geistige Ursachen umfassen. Du beginnst damit Deine persönliche Reise auf der Suche nach Dir selbst. Mit der Suche nach den Ursachen von Blockaden oder Belastungen, die Dich vielleicht von Deinem eigenen einzigartigen Prozeß der Selbstverwirklichung abhalten, beginnt für Dich eine neue Ebene von persönlichem Wachstum und Ausdruck. Zu entdecken, wer Du wirklich bist, mit Deinem wahren Selbst in Berührung zu kommen, Deine Bewußtseinssphäre auszudehnen und *bewußt* eins zu werden mit Deiner inneren Quelle ist eine unglaublich heilige, schöne Reise zur Ganzheit.

Im Laufe dieses Prozesses wirst Du bestimmte Techniken brauchen, die die Entwicklung von positiven Reaktionen auf Streß unterstützen und Dir helfen, die Auswirkungen von negativen Belastungen abzubauen, wo die Grundreaktion von Kampf oder Flucht gesellschaftlich nicht annehmbar ist. Über den Umgang mit Streß sagte Dr. Simonton: »Der Schlüssel ist die Notwendigkeit, sich *Veränderungen* anzupassen, ganz gleich, ob diese Veränderung in eine positive oder negative Richtung geht.«[4] Du wirst körperlich mit der Zeit so gesund und fit werden, wie es Deinen Bedürfnissen entspricht. Du wirst lernen, ein Gleichgewicht von natürlicher Energie immer wieder aufzubauen und zu erhalten. Emotional entwickelst Du Dich auf ein Gefühl von Wohlsein, ein inneres Glück, auf Vertrauen, Spontaneität und Optimismus hin. Du entfernst Dich von ständigen Depressionen, Ärger, Sorgen und Angst. Im mentalen Bereich wirst Du Dich zu klarerem Denken erweitern, Du wirst alte Ängste, Hemmungen, Behinderungen loswerden, und Du wirst lernen, mit Belastungen auf neue Weise umzugehen. Geistig wirst Du die Türen zu einer weiteren Bewußtseinssphäre öffnen. Du wirst Dich direkt an Deine innere Quelle anschließen können, aus der bedingungslose Liebe, unbegrenzte Kraft und Mitgefühl strömen. Du wirst zu dem werden, was Du in Wirklichkeit und von Natur aus bist.

Die Reiki-Technik ist in sich vollständig und bedarf keiner Ergänzungen. Sie unterstützt den Abbau von Belastungen und fördert sowohl von außen als auch von innen eine vollständige Entspannung. Durch den Gebrauch von Reiki förderst Du auf *natürliche* Weise, ohne Kraftanwendung und ohne künstliche Hilfsmittel, in Deinem ganzen Wesen eine positive Reaktion auf Streß. Gleichzeitig läßt Du durch die tägliche Reiki-Behandlung angehäufte negative Belastungen los.

Eine Frau, Dorothy*, hatte eine Phase von dramatischen Veränderungen hinter sich. Sie hatte innerhalb von sieben Monaten durch einen Arbeitsunfall ihren Mann verloren, und ihr jüngster Sohn war an Leukämie gestorben. Als sie zu dem Reiki-Seminar kam, war sie sichtlich erschöpft und hatte dunkle Ringe und starke Tränensäcke unter den Augen. Ihre Vitalität war sehr gering, und ihr Gesundheitszustand hatte sich sehr schnell verschlechtert. Sie war schon bei verschiedenen Ärzten und bei einem Chiropraktiker gewesen und hatte mehrere Monate Psychotherapie hinter sich. Es schien jedoch nichts zu helfen. Ihre Begeisterung für Reiki war zu diesem Zeitpunkt nicht sehr groß — ein Freund hatte ihr die Technik empfohlen. Es ging ihr so schlecht, daß sie nichts zu verlieren hatte. Wie sie es in dem

---

* In den meisten Fällen sind zur Wahrung der Privatsphäre des einzelnen Pseudonyme benutzt worden. In jeder anderen Hinsicht sind die Tatsachen jedoch unverändert.

Seminar gelernt hatte, begann sie, Reiki täglich anzuwenden – manchmal behandelte sie sich mehrmals täglich. Innerhalb von zwei Wochen hatte sie sich in ihrem Aussehen und ihrer Einstellung so gründlich geändert, daß sogar ihre Freunde sie kaum wiedererkannten. Sie benutzt Reiki nun seit fast zwei Jahren. Mit Reiki konnte sie, wie sie sagt, ihre Reaktionen verändern, allmählich die Belastungen abbauen, die sie ihr ganzes Leben hindurch angehäuft hatte, sie hatte mehr von ihrer Psychotherapie und konnte eine neue, lebendige und erfüllte Lebensphase gestalten.

Reiki ist lebendige Lichtenergie, und in den Energieübertragungen, die Du im Reiki-Seminar bekommst, kannst Du natürlich und direkt und in verstärktem Maße aus dieser Energie schöpfen. Jedesmal, wenn Du etwas *Lebendiges* berührst, Dich selbst, einen Freund, ein Haustier oder eine Pflanze, wird diese *Verbindung* wiederhergestellt. Wenn Du die echten Reiki-Aktivierungen einmal bekommen hast, kann absolut *nichts* Deine neue Fähigkeit, lebendige Lichtenergie zu schöpfen, stören. Voraussetzung ist nur, daß der Empfänger lebt, und Du diese Technik tatsächlich anwendest. Mit Reiki wirst Du *immer* und überall eine Technik bei Dir haben, die Du auf der Stelle dazu verwenden kannst, Streß abzubauen. Zusätzlich fördert Reiki die Harmonisierung und Erneuerung von Energie, die Entwicklung positiver Reaktionen auf Streß und gibt dir den *Schlüssel* dazu, mit Veränderungen in Deinem Leben, ob diese nun negativer oder positiver Art sind, mitzugehen.

Ganz gleich, ob der in Deinem Organismus angehäufte Streß ein Resultat der Belastungen des modernen Lebens, persönlicher Beziehungen oder Deines Lebensprozesses überhaupt ist, kannst Du Reiki immer ein paar Minuten lang im Büro, im Auto, im Bus, beim Einkaufen, wenn Du in der Schlange stehst oder buchstäblich überall anwenden. Reiki erfordert keine besondere Ausrüstung, keinen veränderten Bewußtseinszustand, keine besondere Vorbereitung oder Kleidung, und Du brauchst dazu nicht in einer besonderen Stimmung oder an einem bestimmten Ort zu sein. Reiki ist weder ein Dogma noch eine Religion, und ist nicht davon abhängig, ob Du daran glaubst oder nicht. Wenn diese Energieverbindung in Bewegung gesetzt ist, wirkt sie automatisch, genauso wie Dein Atem funktioniert, ohne daß Du daran denkst oder daran glaubst. Bei Deiner Geburt bist Du von einer Umgebung in eine andere gekommen, und mit dem Leben auf dieser Ebene wurde eine Verbindung hergestellt. Auf ähnliche Weise verstärkt Reiki die Verbindung mit der universellen Energie, bündelt den Energiefluß durch Deine Hände (es sind auch schon andere Konzentrationspunkte, wie zum Beispiel die Füße benützt worden) und liefert Dir eine genau umrissene Technik, die die Entwicklung positiver Reaktionen auf Streß fördert, Dein Bewußtsein erweitert und Dich auf Deinem Weg zur Ganzheit unterstützt. Reiki ist Energie, und Energie ist letztendlich Licht. Reiki bringt Dich buchstäblich in direkten Kontakt mit dem Licht und läßt Dich diese Lichtenergie, physisch gesehen, von außen nach innen anwenden.

Eine Anwaltssekretärin benützte Reiki, um einigen der Anwälte in ihrem Büro bei Muskelverspannungen, Kopfschmerzen und anderen Belastungssymptomen wie zum Beispiel Frustration, Müdigkeit und Reizbarkeit, zu helfen. Nach zwei Wochen bemerkten alle in dem Büro, in dem vier Spitzenanwälte von Atlanta, drei Anwaltssekretärinnen und eine Rezeptionistin arbeiteten, eine tiefgreifende Veränderung: alle hatten ein höheres Energieniveau und wurden mit den täglichen Belastungen besser fertig. Sie berichtete, daß sich in dem ganzen Büro die Atmosphäre verändert hätte. Sie war nicht mehr so ›schwer‹ wie zuvor, sondern schien ›leicht‹ und ›hell‹. Bei so viel Nachfrage nach Reiki verlor die Sekretärin allmählich ihre Kaffeepause und ihre

Mittagszeit. Einer der Anwälte prägte den Spitznamen ›Ramaki‹ (etwa ›Wiederneumacher‹ Anm. d. Übers.). Sie schlug schließlich vor, daß alle an dem Seminar teilnehmen sollten, damit jeder die Technik direkt anwenden konnte und nicht von ihr abhängig war.

Ein junger Mann aus New York, der jeden Tag mit der U-Bahn zur Arbeit fährt, schrieb mir, um mir zu danken. Er berichtete, daß er begonnen hätte, Reiki während seiner halbstündigen U-Bahnfahrt zur Arbeit und von der Arbeit nach Hause anzuwenden. Er schrieb weiter: »Ich war verblüfft zu sehen, wie meine Angst vor der Arbeit verschwand, meine Angst davor, in dieses Büro zu fahren und mit meinen Mitarbeitern umzugehen. Ich hatte auch insgesamt mehr Energie. Jeden Abend, wenn ich nach Hause fuhr und Reiki anwendete, wurde ich offenbar richtig regeneriert und kam entspannt zu Hause an. Es hatte eindeutig positive Auswirkungen auf mein Familienleben.«

Der folgende, vollständig abgedruckte Brief stammt von einer erfolgreichen Geschäftsfrau aus Atlanta:

Ich möchte Ihnen noch einmal für die beiden Reiki-Behandlungen danken, die ich bis jetzt hatte. Ich habe, ehrlich gesagt, nicht geglaubt, daß es funktionieren würde. Ich habe dieses Reiki zuerst nur für eine Art metaphysisches Placebo gehalten, das bei mir unmöglich wirken konnte, weil ich viel zu realistisch bin. Wie sie wissen, hatte ich, als ich zum ersten Mal zu Ihnen kam, alle die Streßsymptome, die zusammen am besten mit ›Managerkrankheit‹ bezeichnet werden. Ich war erschöpft, mein ganzer Körper tat weh, in meinem Kopf ging alles durcheinander, emotional war ich völlig leer und mir war ein bißchen übel. Zum Schlafen war ich zu müde. Es fiel mir sehr schwer, meinen geschäftlichen Pflichten ordentlich nachzukommen. Nach einer Stunde Behandlung war die Übelkeit verschwunden, meine geistige Klar-

heit war wieder da und ich fühle mich voller Energie,
sachlich, entspannt und hatte wieder das Gefühl, daß meine
Arbeit sinnvoll war. Ich ging nach Hause und schaffte es,
einen neuen Verwaltungsplan aufzustellen, der meine ge-
schäftlichen Unternehmungen sehr verbessert hat. Ich hatte
das Gefühl, daß ich durch die Behandlung mit Reiki mit
dem Besten in mir in Berührung gekommen war. Noch ein-
mal vielen Dank. Man sollte Reiki in allen medizinischen,
chiropraktischen und physiologischen Gesundheitseinrich-
tungen bekommen können. Ihr Honorar ist wirklich ein ge-
ringer Preis für solch eindrucksvolle Ergebnisse. Ich weiß
nicht, wie Reiki funktioniert, aber es funktioniert. Das ist
alles, was bei mir zählt.

Eines Abends ging ich in einem Krankenhaus vorbei, um
einer meiner Klientinnen vor ihrer Operation am nächsten
Morgen eine Reiki-Behandlung zu geben. In ihrer Gebärmutter war ein Tumor entdeckt worden, es bestand Ver-
dacht auf Krebs, und die Gebärmutter sollte entfernt werden. Als ich in ihr Zimmer kam, bemerkte ich sofort, wie
strahlend und ruhig sie war. Sie erzählte mir, daß sie sich
den ganzen Nachmittag über zwischen all den Blutuntersu-
chungen und Vorbereitungen selbst Reiki gegeben habe.
Sie hatte gemerkt, wie innerlich Befürchtungen, Ängste,
Niedergeschlagenheit und Entsetzen anfingen, von ihr Besitz zu ergreifen. Dann erinnerte sie sich daran, was ich in
dem Reiki-Seminar gesagt hatte: Daß man Reiki immer direkt in der Streßsituation anwenden solle, *ganz gleich, wo*
man ist. Mit Reiki konnte sie spüren, wie sie fast augenblicklich emotional und geistig stabiler wurde. Sie war auf einmal
an den Vorbereitungen interessiert, entspannt, nahm an
dem Geschehen teil, konnte sogar objektiv über die Routi-
ne-Prozeduren lachen und sprach mit einer der Schwestern
über Reiki.

108

Nach der Operation fuhr sie mit den Reiki-Behandlungen fort. Ich besuchte sie noch zwei weitere Male. Sie war begeistert über ihren guten Genesungsprozeß mit Reiki. Sie konnte wahrnehmen, wie ihrem Organismus neue Lebensenergie zugeführt wurde. Sie wußte, daß sie auf allen Ebenen ihres Seins heil und ganz wurde. Sie meinte, sie sei nie in ihrem Leben so entspannt gewesen wie jetzt, wo sie nach einer großen Operation im Krankenhaus lag. Es war ein wirklicher Wachstumsprozeß für sie!

Eine Frau aus Smyrna, Georgia, deren ganze Familie, einschließlich des Ehemannes, der 10jährigen Tochter und des 8jährigen Sohnes an dem Reiki-Seminar teilgenommen hatte, schrieb:

Wenn ich Reiki anwende, werde ich sehr schläfrig und entspannt. Manchmal schlafe ich mitten unter der Behandlung ein. Ich bin normalerweise kein Mensch, der Dinge sieht oder hört, die nicht da sind, aber bei manchen Reiki-Behandlungen sehe ich WEISSES Licht in verschiedenen Formen ... (mein Mann) wird mit Reiki immer sofort seine Kopfschmerzen los.

Eine andere Frau schrieb den folgenden Brief:

Ich kann mich kaum an einen Tag erinnern, wo ich nicht unter Streß und Angst gelitten habe. Ich hatte eine chronische Blasenentzündung und gelegentlich schwere Migräneanfälle. Ich wußte, daß das nicht normal ist, aber sogar die moderne Medizin und die Psychiatrie schienen keine Hilfe zu haben.

Ich fühlte mich hilflos und war oft ganz verzweifelt. Meine Lebensqualität und meine Vitalität waren auf ein Minimum reduziert, und mein Leben schien nicht mehr sehr sinnvoll. Ich hörte von Reiki und hoffte, daß es meiner Blase helfen könnte. Es hat allerdings mehr als das getan! Ich habe mich völlig verändert. Meine Ängste haben nachgelassen, ich habe weniger Migräneanfälle und hundertmal mehr Spaß am Leben. Ich lache mehr, bin weniger angespannt und viel geduldiger mit mir und anderen. Ich liebe die Reiki-Behandlungen, ... sie sind immer der Höhepunkt des Tages.

Ein Mann von Mitte Dreißig, der am Reiki-Seminar teilnahm, erzählte der Gruppe, daß er neben seinem Tagesjob auch noch eine Abendarbeit habe, um die Familie zu ernähren und um mit der Inflation fertig zu werden. Er war jedoch erschöpft. Ein Freund, dem die Reiki-Technik sehr gut getan hatte, empfahl ihm das Seminar. Er war sehr skeptisch, aber er war es absolut leid, müde zu sein. Nach der ersten Reiki-Einstimmung und dem ersten Vortrag ging er zu seiner Nachtarbeit. Am nächsten Nachmittag kam er sehr aufgeregt zum Kurs. Er sagte, er sei bei der Arbeit fast eingeschlafen, aber sobald er Reiki anwendete, hätte er bemerken können, wie seine Energie wieder aufgeladen wurde. In dreißig Stunden hatte er nur vier Stunden Schlaf gefunden, merkte aber, daß er sich innerhalb von 20 Minuten mit Reiki wieder stabilisieren und wiederbeleben konnte. Er sagte, Reiki erinnere ihn an einen Fernsehwerbespot für Batterien, der mit den Worten endet »gib mir Energie«.

Ein Mann von Mitte Dreißig, der an der örtlichen Universität studierte, berichtete, daß er sich mit Reiki besser auf seine Aufgaben konzentrieren könne und in Prüfungssituationen, auf die er normalerweise mit Angst, Anspannung und geistigen Blockaden reagierte, viel besser zurecht kam. Wenn er 15 Minuten vor der Prüfung Reiki anwandte, merkte er, daß seine Angst nachließ, sein Kopf klarer wurde und er mehr Vertrauen hatte. Er treibt auch Sport und fand Reiki eine gute und rasche Hilfe bei Verstauchungen, Quetschungen, Verspannungen und um sich zu sammeln.

Eine junge Frau hatte eine nervöse Veranlagung, sie war sehr angespannt und ängstlich und hatte fast täglich Kopfschmerzen. Ihrem Schwiegervater hatte Reiki sehr gut getan, und er empfahl ihr, an dem Seminar teilzunehmen. Nur zwei Wochen nachdem sie den Kurs beendet hatte, war jeder, der sie kannte, erstaunt über die positive Verwandlung, die in ihr vorgegangen war. Sie war entspannt, konnte mit ihrer Familie und mit ihren Freunden völlig anders umgehen und war von der Spannung und den Schmerzen, die die früheren starken Kopfschmerzen ihr verursacht hatten, ganz befreit. Sie sagte, Reiki sei wirklich praktisch, wirksam, einfach anzuwenden, man brauche kein Geld für zusätzliche Ausrüstung, und sie bekäme damit keine Schwierigkeiten mit ihrem Mann. Sie war sicher, daß Reiki zu ihrer Verwandlung geführt hatte, weil sonst nichts Neues in ihr Leben gekommen war. Sie meinte, Reiki habe ihr ›inneren Frieden‹ gegeben.

Eine der zusätzlichen Wohltaten von Reiki ist, daß es *zusammen mit* Behandlungen und anderen Techniken, die zu Heilung und Ganzheit führen, angewandt werden kann. Ich habe viele Ärzte, Osteopathen, Chiropraktiker, Masseure, Zahnärzte, Krankenschwestern und viele andere in verschiedenen Bereichen des Gesundheitswesens tätige Menschen in Reiki unterrichtet. Ein Mann, ein Anhänger der transzendentalen Meditation, fand Reiki ›höchst erleuchtend‹, wenn er es zusammen mit seinem Mantram benutzte. Eine Yoga-Lehrerin bestätigte, daß sie Reiki mit einigen der Yoga-Stellungen kombiniert und findet, daß sie dabei lebhaftere und tiefere Erfahrungen macht — ›wirklich spirituell und erleuchtend‹.

Ein Rolfer fand, daß Reiki seiner Rolfer-Technik einen ›ganz besonders machtvollen und doch sanften‹ Touch gibt. Ein Arzt sagte, mit Reiki könne er seinen Patienten jetzt direkt heilende Energie zuführen, sogar im Gespräch. Ein anderer Arzt berichtete, daß er mit nur ein paar Minuten Reiki Spannungen, Ängste und Schmerzen seiner Patienten verringern könne. Viele Psychologen finden in Reiki eine unentbehrliche Hilfe, um Patienten bei Angstanfällen zu beruhigen und in der speziellen Beziehung zwischen Klient und Therapeut Vertrauen aufzubauen. Viele Krebspatienten haben die Erfahrung gemacht, daß Reiki außerordentlich wirksam ist, um die oft verheerenden Nebenwirkungen von Bestrahlungen, Medikamenten und anderen Drogen zu mindern und in manchen Fällen sogar auszuschalten. Viele Menschen haben Reiki dazu benützt, um die durch Medikamente, Operationen und lange oder chronische Krankheiten geschwächte natürliche Energie wieder aufzubauen. Reiki steht *in keiner Weise* im Widerspruch zu medizinischen Verfahrensweisen, sondern liefert vielmehr die oft dringend benötigte Quelle von Lebensenergie, die den Heilungsprozeß unterstützen kann.

Reiki ist nicht nur eine segenreiche Technik, die sich mit anderen Methoden kombinieren läßt – es kann auch beim Fernsehen, Telefonieren, beim Treffen mit anderen und sogar beim Ruhen angewendet werden. Ich habe mir jetzt angewöhnt, mir bei den abendlichen Nachrichten im Fernsehen Reiki zu geben, wo so oft fürchterliche Dinge über unsere moderne Gesellschaft zu hören und zu sehen sind!

Eine Frau hat es so ausgedrückt: »Egal, wo ich bin oder was ich gerade tue, ich bringe immer ein bißchen Reiki für mich mit herein. Bei den wöchentlichen Geschäftstreffen meiner Firma, die immer ziemlich angespannt und geladen sind, bleibe ich entspannt, unbelastet und behalte einen klaren Kopf, wenn alle anderen ärgerlich, ängstlich und angespannt werden. Ich bin früher immer mit schlimmen Kopfschmerzen aus diesen Treffen herausgekommen, aber mit Reiki reagiere und handle ich jetzt ganz ruhig und fühle mich nach dem Treffen gut!«

Eine Kombination, die ich höchst entspannend und zum Abbau negativer Belastungen besonders geeignet finde und die ich sehr empfehle, ist Reiki zusammen mit bestimmter Musik. Zum Beispiel kreiert der bekannte Komponist Steven Halpern eine Musik, die er als ›antifrantic‹ bezeichnet. Er hat einen wissenschaftlichen Ansatz in seiner Musik und hat Töne komponiert, die mit der natürlichen Harmonie und der Lebenskraft im Inneren unserer Zellen im Einklang sind. »Da alle Aktivitäten Streß mit sich bringen«, sagt er, »muß sich der Körper wieder auf ein Gefühl von Normalität oder Homöostase, von Gleichgewicht einschwingen. Mit anderen Worten, *der Körper strebt danach, ›mit sich selbst in Harmonie‹ zu kommen.*« Mit seiner Art von Musik oder auch mit meditativen Gesängen oder Klängen und mit Reiki gibst Du Dir ein Bad von Licht und Schwingungsenergie, das Deine Heilung und Ganzheit unterstützt. Es ist wirklich ein unglaubliches Erlebnis, und außerdem eine hochwirksame, vergleichsweise billige und außerordentlich praktische Methode, um Dein ganzes Sein von Negativität zu befreien. Das ist besser, als wenn Du sie Wochen oder sogar Jahre lang in Deinem Organismus speicherst und so vorzeitig verbraucht, alt, chronisch krank oder ständig müde wirst. Einmal im Jahr Urlaub ist nicht genug, um zu entspannen und auszuruhen, um Streß loszuwerden, den wir durch das außerordentliche Tempo unseres täglichen Lebens, durch alte, vielleicht von Kindheit an in unserem Inneren gespeicherte Gefühlsmuster, durch starres, enges Denken und durch innere Leere und ein Gefühl der Sinnlosigkeit unserer Existenz in uns aufgebaut haben.

Eines der Kennzeichen ganzheitlicher Gesundheit und ganzheitlichen Lebens ist der Grundsatz, daß *wir* für unser Wohlbefinden und unsere Ganzheit selbst die Verantwortung übernehmen. Die Wahrheit ist, daß nicht jemand anderer dafür verantwortlich ist, daß es uns gut geht, und unser persönlicher Mangel an Wohlbefinden und Ganzheit ist auch nicht immer jemand anderes Schuld. Reiki gibt uns Gelegenheit, diese Verantwortung anzunehmen – privat, auf unsere eigene Weise, unseren eigenen Bedürfnissen entsprechend, und auch in Verbindung mit Familie und Freunden.

Voraussetzung für Gesundheit, Wohlbefinden und Ganzheit ist die Integration von Körper, Gefühlen, Intellekt und Geist. Dr. Harold Bloomfield erinnert uns daran, daß »echtes Wohlbefinden und nicht nur die Abwesenheit von Krankheitssymptomen (...) das Ziel der Gesundheitsvorsorge sein muß.« In den Reiki-Seminaren drücke ich das so aus: »Denkt immer daran, daß Gesundheit und Ganzheit von Geburt an euer göttliches Recht sind und daß ihr das Recht habt, es *jetzt* für euch in Anspruch zu nehmen.« Reiki ist eine direkte, natürliche Quelle der Lichtenergie des Lebens, mit der wir in dem Prozeß der Entfaltung unseres persönlichen Lebens Energien wieder aufbauen, erneuern und umwandeln können. Reiki ist eine Technik, die in jedem Alter dazu angewandt werden kann, mit Notsituationen umzugehen und positive Reaktionen auf belastende Situationen zu fördern. Wenn Du Reiki anwendest, anerkennst Du Deine eigene Beteiligung am Prozeß Deiner Heilung und Ganzwerdung. Mit Reiki aktivierst Du auf ganz neue und wirkungsvolle Weise Deine innere Kraft. Damit kannst Du negative Belastungen, die Du angehäuft hast, loslassen, kannst Deine Energien ins Gleichgewicht bringen und erneuern und Deine Gesundheit und Ganzheit aufrechterhalten.

11

Reiki und Krebs

»Es ist besonders traurig,
daß in vielen Fällen gerade die Menschen,
die sich am ausdauerndsten
und verantwortungsvollsten bemühen,
den kulturellen Regeln gerecht zu werden,
die schlimmsten Krankheiten entwickeln.
Die Bücher quellen über von Beispielen typischer
Krebspatienten, die meistens als
›zu gut um wahr zu sein‹ beschrieben werden – Menschen,
die auch in den häßlichsten Lagen freundlich,
rücksichtsvoll, selbstlos und angenehm sind. ...
Jedem, der anfängt, die Verantwortung für seinen Gesund-
heitszustand selbst zu übernehmen,
muß man auf's Herzlichste gratulieren.«

Carl und Stephanie Simonton und James Creighton

In meinen Reiki-Seminaren ist eine der am häufigsten ge-
stellten Fragen: »Wie kann Reiki bei Krebs helfen?« Viele
der Menschen, die an einem Reiki-Seminar teilnehmen, tun
es, weil entweder sie selber oder ein ihnen nahestehender
Mensch mit irgendeiner Form von Krebs zu tun hat.

Die Reiki-Technik kann für den Heilungsprozeß von Krebspatienten von bedeutsamer Hilfe sein. Das wohl verbreitetste Problem bei Krebs und den meist damit verbundenen Chemotherapien, Bestrahlungen und Operationen ist, daß dem Patienten Energie entzogen wird, daß er seine Lebenskraft verliert. In vielen Fällen muß der Betreffende sich für eine oder auch mehrere dieser gängigen Krebsbehandlungen entscheiden, auch wenn die Nebenwirkungen davon verheerend sein können und die Heilerfolge nicht sicher sind. Reiki kann sehr gut zusammen mit jedweder Therapie eingesetzt werden, der sich der Kranke unterzieht, und es bringt ihn unmittelbar und in verstärktem Maße in Kontakt mit natürlicher, lebendiger Lichtenergie. Reiki kann die herkömmlichen medizinischen Behandlungsweisen in keiner Weise stören, aber es kann dem Patienten eine oft dringend gebrauchte Energiequelle liefern, die seinen Verlust an Lebenskraft wieder ausgleicht und seinen Heilungsprozeß unterstützt.

Reiki ist auch sehr wirksam, um die extremen körperlichen Schmerzen zu lindern, mit denen Krebs oft verbunden ist. Außerdem hilft es dem Krebspatienten mit Angst, Niedergeschlagenheit, Wut und anderen Gefühlsreaktionen auf seine Situation besser umzugehen. Viele Krebspatienten, die Reiki bekommen haben, empfanden diese Quelle von Lichtenergie als spirituell erhebend und im sogenannten ›Endstadium‹ als wichtige Hilfe für die Vorbereitung auf den Vorgang des Sterbens.

Eines meiner tiefsten und erleuchtendsten Ereignisse mit Reiki und einer Krebspatientin begann vor mehreren Jahren in einer Stadt im Norden der Vereinigten Staaten. Nach dem Einführungsvortrag über Reiki kam eine Frau von ungefähr Anfang Fünfzig ans Rednerpult. Sie sagte, sie habe vor mehreren Jahren mit Krebs zu kämpfen gehabt, hätte damals einen Aufschub erreicht, aber nun sei die Krankheit wiedergekommen. Die medizinischen Untersuchungen hätten gezeigt, daß sich der Krebs durch ihr ganzes Lymphsystem und bis ins Gehirn und ins Knochenmark hinein ausgebreitet habe. Die Diagnose lautete auf Krebs im Endstadium, und die Ärzte gaben ihr nur noch wenige Monate zu leben. Sie sagte weiter, daß sie außer Chemotherapie und Bestrahlungen auch eine ganze Reihe anderer Heilungstechniken ausprobiert hätte. »Ich bin von Pontius zu Pilatus gegangen, um herauszukriegen, weshalb ich an Krebs sterben soll, und um angemessene Techniken für meine Heilung zu finden«, meinte sei. »Ich habe es sogar mit Rückführungen in vergangene Leben versucht, aber ich verstehe es immer noch nicht.« Dann schaute sie mich mit einem sehr durchdringenden Blick an und fragte mit herausfordernder Stimme, was Reiki für sie tun könne. Ich erwiderte ihren Blick und sah einen Moment lang tief in ihr Inneres. »Reiki wird Ihnen mit Ihren Schmerzen helfen«, antwortete ich. Sie gab zu, daß viele der Methoden, die sie ausprobiert hatte, sie sehr enttäuscht hätten. Sie verließ den Vortrag, ohne sich für den Kurs anzumelden. Am nächsten Morgen kam sie mit einer Freundin zum Seminar. In der Pause erzählte Janet, so war ihr Name, daß sie verordnungsgemäß jeden Tag acht bis zehn Schmerztabletten einnehme, so stark seien ihre Schmerzen. Sie war wütend, weil sie durch die betäubende Wirkung der Tabletten sogar ihr eigenes Sterben nicht richtig mitbekam.

Nach der ersten Energieeinstimmung bekam Janets Gesicht ein neues Leuchten. Ihre Augen begannen zu blitzen, und ihre bis dahin stumpfgraue Gesichtshaut nahm wieder Farbe und Leben an. Wir sprachen während des Seminars über den Sterbeprozeß und darüber, wie wichtig es ist, in Harmonie damit zu sein. Sie begann, eine neue Dimension darin zu sehen, sah sich selber in einem ›neuen Licht‹. Später in der Woche rief sie mich im Reiki-Zentrum in Atlanta an, um mir zu sagen, daß sie nach fünf Tagen mit Reiki nur noch zwei bis vier Schmerztabletten täglich brauche. Sie war erstaunt, wie klar ihr Kopf war und wieviel Lebenskraft ihr sehr erschöpfter Körper durch Reiki wiedergewann. Sie hatte sich selbst mindestens dreimal täglich die Reiki-Behandlung gegeben, und andere Freunde, die an dem Seminar teilgenommen hatten, behandelten sie auch.

Im Laufe der Wochen konnte Janet ihren Bedarf an Schmerztabletten so weit reduzieren, daß sie nur noch alle paar Tage eine brauchte. Nach ein paar Monaten sah ich sie wieder. Sie war vollkommen verändert. Ihr Gesicht strahlte, sie war voller Energie, hatte auch etwas zugenommen. Ihr Selbstbewußtsein war wieder hergestellt, sie hatte auch wieder angefangen, ihre geliebten Yogakurse zu geben. Geben und Heilen war für sie sehr wichtig und mit Reiki konnte sie wieder lehren und geben. Sie war auch sehr beeindruckt davon, wie Reiki die Visualisierungstechnik unterstützte, die sie in der auf Krebsforschung spezialisierten Klinik von Dr. Carl Simonton gelernt hatte. Außer den medizinischen Behandlungen betrachtete sie Reiki und die Visualisierungsübungen von Dr. Simonton als ihre wichtigsten täglichen Hilfsmittel.

Janet kam auch zum nächsten Vortrag, den ich in ihrer Gegend hielt, und erzählte dem Publikum, wie sehr sich mit Reiki die *Qualität* ihres Lebens verändert habe, wie wirksam Reiki war, um Schmerzen zu lindern, aber vor allem, wieviel geistige Inspiration und Erleuchtung sie durch die Reiki-Behandlungen erfahren habe.

Während der nächsten zwei Jahre blieb sie telefonisch und brieflich in Kontakt mit mir. Einmal schrieb sie, ihr Arzt hätte den Eindruck, daß etwas ›reaktiviert‹ würde, möglicherweise in ihrem Gehirn. Seit sie Reiki benutzte, war auch ihr Haar wieder gewachsen, und ihr Selbstvertrauen bezüglich ihres Aussehens war wieder hergestellt. Die durch die Chemotherapie, die Bestrahlungen und andere Medikamente verursachte Glatze hatte ihr sehr zu schaffen gemacht. Sie war auch froh, den zweiten Reiki-Grad gemacht zu haben, wie sie sagte, denn »es befriedigt mich sehr, Fernheilungen durchführen zu können … es ist ein gutes Gefühl zu denken, daß ich wenigstens versucht habe, anderen nützlich zu sein.«

Im frühen Herbst letzten Jahres erreichte mich die Nachricht, daß Janet gestorben oder in der Terminologie des Neuen Zeitalters in eine andere Form des Seins übergegangen war. Bis zum letzten Tag ihrer Existenz auf dieser Ebene hatte sie Yoga unterrichtet und fast drei Jahre länger, als ihr medizinisch vorhergesagt worden war, ein volles und aktives Leben geführt. Ihre extreme Depression war mit Reiki verschwunden. Das Wichtigste war jedoch, daß sie nicht aufgehört hatte zu lernen, zu wachsen und tiefgreifende körperliche, emotionale, geistige und spirituelle Veränderungen zu erleben. In den letzten Monaten schrieb sie mir: »Ich glaube, daß es mir so gut geht, verdanke ich Reiki.«

Janet hatte sich zu einem ganzheitlichen Bewußtsein verändert und daraus viel gewonnen. Für ihr Empfinden war das Wichtigste, was sie von Reiki bekommen hatte, eine neue Lebenskraft, eine direkte, natürliche Energiequelle und innere Kraft und inneren Frieden, wie sie sie nie zuvor erlebt hatte. Ihr neues Licht kam wirklich in ihrem Gesicht, in ihrer veränderten Einstellung und in ihrer Entschlossenheit zum Ausdruck, *aktiv und bewußt* an diesem Abschnitt ihres eigenen Lebensprozesses teilzunehmen − wohin auch immer die Reise gehen mochte. Ihr Sterben und Tod waren wirklich der Anfang eines neuen Zyklus im Kontinuum ihres Bewußtseins.

Ich habe Janets Fall so ausführlich besprochen, weil er so deutlich die vielen Ebenen zeigt, auf denen Menschen von

Reiki profitieren können, die von Krebs oder anderen sehr energieraubenden Krankheiten betroffen sind. Ihr Fall wirft außerdem die — wenn auch rhetorische — Frage auf, ob sie hätte geheilt werden können, wenn sie Reiki früher kennengelernt hätte. Allzuoft suchen Kranke erst im Endstadium ihrer Krankheit, wenn alle medizinische Technologie versagt hat, nach zusätzlichen Heilmethoden. Wenn die alternativen Heilweisen dann auch versagen, werden sie zu Unrecht kritisiert, lächerlich gemacht und als wertlos abgeschrieben. In diesem neuen Zeitalter erweiterten Bewußtseins hat jedoch jeder die Möglichkeit, Gesundheitsangelegenheiten aus einem weiteren Blickwinkel zu betrachten, der die hervorragenden Fortschritte der medizinischen Technologie *ebenso* sieht wie andere Techniken, die Gesundheit, Wohlbefinden und Ganzheit auf allen Ebenen unseres Seins fördern. Mit einer ganzheitlichen Sichtweise brauchen wir nicht zu warten, bis wir uns auf dieser Ebene der Existenz im ›Endstadium‹ befinden, um ganzheitsfördernde Methoden auszuprobieren und wirksam anzuwenden.

In Janets Geschichte ist einer der wichtigsten Aspekte, daß sie mit Reiki zu einem *aktiven* Teilnehmer an ihrem Lebensprozeß wurde. Sie brachte mir gegenüber zum Ausdruck, daß sie sich nicht mehr hilflos und von dem Krebs persönlich zerstört fühlte. Innerlich wuchs sie, und die Lichtenergie von Reiki öffnete ihr die Türen zu tieferen Einsichten über ihren *Prozeß* und half ihr, mit anderen Dimensionen ihres Seins in Berührung zu kommen.

Eine dreiundachtzigjährige Frau, die eine Darmkrebsoperation hinter sich hatte, bekam von ihrer besorgten Tochter den Reiki-Kurs geschenkt. Die Tochter, eine promovierte Psychologin, und ihr Mann, der eine psychiatrische Praxis hatte, kannten Reiki seit fast einem Jahr und waren beide sehr beeindruckt von den positiven Auswirkungen, die Reiki auf allen Ebenen hat. Nach ihrer Operation bekam die Mutter ungefähr ein Jahr lang wöchentlich chemotherapeutische Behandlungen. Sie hatte mit ihren dreiundachtzig Jahren noch immer eine heitere Einstellung zum Leben und war bereit, etwas Neues zu lernen. Ihr ganzes Leben lang daran gewöhnt, ein hohes Maß an Energie zur Verfügung zu haben, bemerkte sie die enormen Energieverluste nach jeder chemotherapeutischen Behandlung. Sie war auch beunruhigt über die Nebenerscheinungen, die oft mit Chemotherapie einhergehen, den Haarausfall, die Veränderungen des Hautgewebes und mögliche innere Komplikationen. Nach dem Reiki-Kurs gab sie sich selbst täglich eine Behandlung und bekam auch von ihrer Tochter Reiki. Sie bemerkte sofort die positiven Auswirkungen dieser Behandlungen auf ihr Energieniveau. Ihr Gesicht wurde leuchtender, ihre erschöpfte natürliche Energie wurde wieder hergestellt, und ihre Ängste ließen nach. Sie fühlte sich von den Belastungen befreit, die der Alltag, die Sorge für sich selbst und ihren kranken Mann mit sich gebracht hatten. Nach einem Jahr wurde die Chemotherapie beendet — sie war vom Krebs geheilt. Sie benutzt Reiki noch immer, um Energie aufzutanken. Die Chemotherapie hinterließ im übrigen keine sichtbaren Nebenwirkungen bei ihr.

Im Reiki-Zentrum von Atlanta und auf meinen Reisen habe ich mit vielen Frauen aller Altersstufen gearbeitet, die an Brustkrebs litten. Einer Frau Ende Zwanzig in Detroit war die Brust radikal entfernt worden. Es stellte sich jedoch heraus, daß der Krebs auf das Lymphsystem übergegriffen hatte, und die Ärzte sahen ihre Lage nicht sehr optimistisch. Als sie zum Reiki-Seminar kam, war sie sehr niedergeschlagen, ängstlich und körperlich außerordentlich schwach. Sie bekam regelmäßig Bestrahlungen und hatte zwei kleine Kinder zu Hause. Sie verlor ihre Energie schneller als sie sie wieder auffüllen konnte. Mit der ersten Reiki-Aktivierung hob sich ihr Energieniveau auf erstaunliche Weise: andere Kursteilnehmer konnten das sofort sehen. Die Schwere und Negativität, die sie umgaben, lichteten sich. Am Ende dieser ersten Sitzung glühte ihr Gesicht, und ihre Augen leuchteten.

Während der nächsten Tage gaben wir ihr im Kurs eine Reiki-Behandlung. In einer privaten Sitzung am vierten Tag erzählte sie uns, wieviel sich durch ihre bloße Anwesenheit in der Gruppe und dann durch die drei bis fünf Stunden Reiki, die sie sich täglich gab, schon verändert hatte. Schwellung und Schmerz in ihrem Arm waren sehr zurückgegangen. Sie fing an, klarer darüber nachzudenken, wie sie sich helfen und ihre Heilung unterstützen könnte. Sie hätte immer noch schreckliche Angst vor dem Tod, sagte sie, aber wenn sie sich Reiki gäbe, würden ihre Ängste weniger. Sie erzählte auch, daß sie bei jeder der vier Reiki-Aktivierungen gesehen hätte, wie ihr ›weißes Licht‹ zugeführt wurde. Sie wußte, daß noch ein schwerer Weg vor ihr lag und daß viele Dinge in ihr ungeklärt waren, aber Reiki hatte ihr die Energie wiedergegeben, die Schmerzen gelindert und ihr Vertrauen wiederhergestellt. Sie hatte das Gefühl, vor einem neuen Anfang zu stehen.

Sie teilte mir inzwischen in Briefen mit, daß sie weiter Reiki wie gelernt anwende und dankte mir für die Gelegenheit, an einem Reiki-Seminar teilzunehmen. Sie glaubt an ihre *Heilung*, auch wenn der Weg noch lang ist, und Reiki ist ein wesentlicher Bestandteil dieses Heilungsprozesses.

Eine andere Frau, ungefähr Mitte Sechzig, hatte in der linken Brust einen rasch wachsenden, krebsartigen Tumor. Sie berichtete, daß ihr Arzt die Lage als kritisch betrachtete. Sie kamen überein, daß der Tumor in den nächsten Tagen entfernt werden sollte. Sie schrieb mir: »Mein Sohn, der Arzt ist, nahm gleich Kontakt mit der Reiki-Meisterin in unserer Stadt auf. Diese reagierte sofort und schickte mir Reiki-Fernheilung, und das gab mir Energie, brachte bei mir und meiner Familie die Emotionen ins Gleichgewicht und gab mir in den verschiedenen Vorbereitungsstadien inneren Frieden ... mein Reiki-Kinderarzt und seine Frau zusammen mit einem Reiki-Therapeuten (vom Reiki-Zentrum in Atlanta) haben mir jeden Tag persönlich geholfen.«

Ich mußte zu dieser Zeit verreisen. Als ich am Samstag zurückkam, ging ich ins Krankenhaus, um ihr eine Behandlung zu geben. Die Operation hatte am Tag zuvor stattgefunden, und die ganze Brust, sowie der Knoten unter ihrem Arm, waren entfernt worden. Zu unser aller Erleichterung ergab die Nachuntersuchung, daß sich der Krebs offenbar nicht weiter ausgebreitet hatte. Zu aller Erstaunen heilte die Narbe *ohne* jede Verfärbung und ohne Schwellung. Nicht einmal ihr Arm war geschwollen, wie das sonst bei solchen Operationen immer der Fall ist. Sie hatte sowohl vor als auch nach der Operation Reiki-Behandlungen bekommen, und Reiki beschleunigte den Heilungsprozeß. Der Arzt, der sie betreute, war von den Resultaten sehr beeindruckt. Sie wurde schon nach fünf Tagen, anstelle der üblichen zehn, aus dem Krankenhaus entlassen. Schon nach einem Monat ging sie wieder zur Arbeit. Es sei unglaublich, wie sich ihre Energie wieder aufgebaut hätte, meinte sie. Einen Monat später nahmen sie und ihr Mann gemeinsam an einem Reiki-Seminar teil, um sich auch selbst und gegenseitig Reiki geben zu können. »Was für ein Segen«, schrieb sie, »1. von Reiki profitiert zu haben und 2. den nächsten Schritt getan zu haben. Wir sind vorbereitet worden und haben teilgenommen und praktizieren es täglich in unserem Leben.«

Vor drei Jahren rief mich eine sehr ängstliche, verzweifelt klingende Frau an und wollte wissen, ob Reiki ihr helfen könne: ein schweres, krebsartiges Geschwür breitete sich immer wieder über ihre Nase und Wangen aus. Sie hatte von den Fachärzten der Universitätsklinik gesagt bekommen, daß der erforderliche chirurgische Eingriff sehr schmerzhaft sei und nur langsam heilen würde. Diese umfangreiche und schwierige Operation war auf drei Monate nach dem Zeitpunkt ihres Anrufs angesetzt.

Ich unterwies sie sofort in Reiki und behandelte sie außerdem regelmäßig dreimal in der Woche. Sie wandte Reiki viele Stunden täglich auf ihr Gesicht an, sogar bei der Arbeit legte sie sich oft die Hände auf das Gesicht, um noch mehr Reiki zu bekommen. Sie war erstaunt über die Stabilität und den Seelenfrieden, die Reiki ihr gaben. Nach zwei Monaten ließ sie sich in Hinblick auf die bevorstehende Operation untersuchen. Die Ärzte waren verblüfft, wie sehr sich ihr Zustand verändert hatte, und es wurde eine weniger schwere Operation angesetzt, von der sie sich schneller als erwartet erholte. Als ich zuletzt von ihr hörte, sagte sie, sie sei jetzt dabei, mit Reiki alte negative Gefühlsmuster aufzuarbeiten. Sie meinte auch, ohne Reiki wäre ihre Operation sicherlich eine viel schlimmere Erfahrung gewesen.

Vor kurzem nahm eine sechsundzwanzigjährige Frau mit fortgeschrittenem Magen- und Lungenkrebs am Reiki-Seminar teil. Als sie kam, war sie körperlich schwach und erschöpft und gefühlsmäßig sehr niedergeschlagen. Sie hatte große Schwierigkeiten, mit ihrer Krankheit, der Energielosigkeit, ihren drei kleinen Kindern, ihrer Ehe und der Vollzeitbeschäftigung, der sie auch noch nachging, fertigzuwerden. Sie erzählte, sie sei ihr ganzes Leben lang gesund und voller Energie gewesen, aber plötzlich sei der Krebs erkannt worden — schon in einem fortgeschrittenem Stadium.

Sie hatte jede Hoffnung zu überleben fast völlig aufgegeben und war tief deprimiert und wütend über ihre mißliche Lage. Sie war es so gewohnt gewesen, voller Energie zu sein, daß sie kaum glauben konnte, wie erschöpft sie sich nach der Chemotherapie fühlte. Mit der ersten aktivierenden Energieübertragung fühlte sie die natürliche Energie in ihren Körper strömen. Ihr Gesicht hellte sich auf und sie

124

wurde ganz vergnügt. Bei der letzten Kurssitzung erzählte sie der Gruppe, daß sie es fertigbrachte, jeden Tag drei bis fünf Stunden Reiki einzuschieben. »Was meine Energie anbelangt«, sagte sie, »bin ich ein neuer Mensch. Es ist noch ein langer Weg, aber ich fühle mich mit Reiki so viel weniger hilflos. Ich bin nicht einmal mehr ärgerlich auf die Chemotherapie, ich kann ja Reiki dabei machen.«

Der nächste Bericht handelt von einer unglaublichen Frau von Ende Vierzig, die als Anwaltssekretärin und auch als Heilerin arbeitete. Sie hatte fast fünfzehn Jahre lang verschiedene Formen des Heilens gelernt und unterrichtet. Sie lernte dann Reiki kennen und ließ sich im ersten und auch im zweiten Grad unterweisen und arbeitete als Reiki-Therapeutin mit anderen Menschen. Im Sommer 1980 bemerkte sie, daß sie ständig Halsschmerzen hatte. Sie bemerkte einen kleinen Knoten rechts in ihrem Hals. Mit Reiki ging der starke Schmerz weg, aber der Knoten blieb. Sie beschloß, noch andere Heilmethoden anzuwenden, aber zum Herbst hatte der Knoten sich vergrößert und war härter geworden.

Im Oktober traf ich sie und empfahl ihr einen Arzt, einen guten Freund von mir, der medizinische Behandlungsweisen mit ganzheitlichen Methoden kombiniert. Er hat auch an einem Reiki-Seminar teilgenommen und wußte, sie sie zu ihrem eigenen Heilungsprozeß beitragen könnte. Nach gründlicher Untersuchung schickte er sie zu einem Chirurgen. Der Operationstermin wurde auf Dezember festgesetzt. Mit der Operation konnte jedoch nur die rechte Mandel entfernt werden. Der Knoten stellte sich als bösartig heraus. Sie bekam für acht Wochen Bestrahlungen verordnet und eine weitere Operation, um den Knoten zu entfernen.

Acht Wochen lang bekam sie fünfmal in der Woche Bestrahlungen. »Noch eine verblüffende Erfahrung!« sagte sie. »Bestrahlungen sind Feuer. Sie zerstören! Ich begann sofort damit, Reiki zusätzlich zu seiner heilenden Wirkung als Schutz einzusetzen, um das Feuer der Bestrahlungen umzuwandeln.« Gleichzeitig schickte ihr eine Gruppe von Reiki-Ausübenden, die mit der Fernheiltechnik vertraut waren, zweimal täglich heilende Energie.

Die Bestrahlungen fügten ihrem Hals schwere Verbrennungen zu. Sie konnte nicht essen, nahm in kurzer Zeit über zwanzig Kilo ab und verlor täglich unglaubliche Mengen an Energie. »Und das mit Reiki!« schrieb sie später. »Ich kann mir gar nicht vorstellen, wie es ohne Reiki gewesen wäre. Ich kann es nur an den Bemerkungen der Krankenschwestern und Ärzte bei und nach meinen Behandlungen ermessen und an dem Aussehen anderer Patienten, die eine ähnliche Behandlung bekamen wie ich. Denen ging es schlechter als mir. Einmal wurde mir gesagt, daß nur wenige Leute die ganze Behandlung ohne Unterbrechung durchstehen können. Ich konnte es. Ich danke Gott für Reiki.«

Vor der nächsten Operation kam sie für neun Tage nach Atlanta ins Reiki-Zentrum. Mehrere von uns behandelten sie Tag und Nacht viele Stunden lang. »Sie waren so fürsorglich, so liebevoll, so freundlich und hilfreich…« schrieb sie später. »Ich ging ganz erhoben und vertrauensvoll nach Hause. Sie haben mir geholfen zu überleben.«

Die Operation war schließlich erfolgreich, der Tumor konnte vollständig entfernt werden und hatte sich nicht weiter ausgebreitet. Im Krankenhaus behandelte sie sich selber mit Reiki und bekam zusätzliche Behandlungen von einer guten Freundin, die auch Reiki gelernt hatte. Die Ärzte und Schwestern staunten, wie schnell sie sich erholte, und sie wurde vorzeitig entlassen.

Mein Freund, der Arzt, warnte sie, daß sie, um ganz gesund zu werden, viele alte Gewohnheiten ändern, bewußter auf ihre Ernährung achten und ›viel Reiki anwenden‹ müsse. Bei Krebspatienten geht es darum, *Energie* wieder aufzubauen und zu bewahren.

Ein Jahr später sah ich die Frau wieder. Ihr Heilungsprozeß war wunderbar deutlich zu sehen. Sie hatte weiterhin viel Reiki angewandt, und es war ihr außerdem gelungen, einige alte, einschränkende, ungesunde Verhaltensmuster zu ändern. Sie und ihr Mann waren sogar in einen anderen Staat umgezogen! Vor kurzem schrieb sie mir über ihre Erfahrungen. Sie hatte verschiedene Heilmethoden benutzt – »sie haben alle ihren Platz im Universum«, meinte sie. »Reiki berührt alle Ebenen und wirkt mit allen Ansätzen zusammen – unterstützt, verstärkt und vervollkommnet die Energien von allen.« Bei ihrem letzten Besuch bei dem Chirurgen, der sie operiert hatte, Ende 1981, zeigte dieser sich erstaunt und erfreut über ihr gutes Aussehen und ihre Gesundheit. Soweit er es aus der Untersuchung sehen konnte, ist sie von Krebs geheilt. Die Operation hat kaum Spuren hinterlassen; an ihrem Hals ist fast keine Narbe zu sehen. Dank der Geschicklichkeit und Erfahrung des Chirurgen und dank der Lichtenergie von Reiki, die ihre Lebensenergie wiederherstellte und ins Gleichgewicht brachte, ist sie jetzt in einem neuen Zyklus von Wachstum und Veränderung. Wenn sie Reiki nicht gehabt hätte, wäre sie »heute nicht am Leben, gesund und ganz«, meint sie.

Was sind die Ursachen von Krebs? Warum bekommen manche Menschen Krebs und manche andere nicht? ›Warum gerade ich? Was habe ich falsch gemacht?‹ Diese Fragen lassen sich nicht so einfach beantworten. Die medizinische Forschung sucht weiter nach Ursachen und Lösungen, und die moderne medizinische Technologie bietet weiter Behandlungen an, die der Reichweite ihres aktuellen aber begrenzten Wissens entsprechen.

Die Krebsforschung meint, daß Krebs viele Ursachen hat, die zusammen die bösartigen Zellwucherungen auslösen. Karzinogene Substanzen, Erbanlagen, Luftverschmutzung, Trinkwasser, Nahrung, Strahlungen und gefühlsmäßige und geistige Faktoren sind alle mit Krebs in Verbindung gebracht worden.

Es fällt den Wissenschaftlern jedoch schwer, den eindeutigen Schluß zu ziehen, daß irgendeiner dieser Faktoren die einzige Ursache sein könnte.

Ungeachtet aller Kontroversen, Forschungen und Spekulationen über die Ursachen von Krebs muß jedoch der Mensch, der diese Krankheit an sich *erfährt,* Wege finden, wie er sie behandeln und damit umgehen kann. Mit einer ganzheitlichen Sichtweise kann er mehrere Therapien kombinieren, um den Heilungsprozeß zu fördern, und kann eigenverantwortlich an diesem Prozeß mitwirken. Der wesentlichste Nutzen von Reiki für Krebspatienten liegt vielleicht darin, daß es eine so einfache, direkte und leicht zu erlernende Methode ist und daß sie ihm ermöglicht, an der Wiederherstellung seiner Gesundheit selbst mitzuwirken. Ein Mensch, der plötzlich einer schweren Krankheit gegenübersteht, fühlt sich oft hilflos und machtlos. Mit Reiki kann er direkt auf seinen Heilungsprozeß Einfluß nehmen und dieses Gefühl von Hilflosigkeit und Machtlosigkeit wird sich verringern oder überhaupt verschwinden. Reiki stellt das Selbstvertrauen wieder her.

In den in diesem Kapitel dargestellten Fällen war ein bezeichnender Punkt, daß jede der Personen im Umgang mit ihrer Krankheit den *Entschluß* faßte, aktiv an dem Prozeß des Lebens, der ihr gerade widerfuhr, mitzuwirken.

Medizinische Behandlungsweisen wurden erfolgreich mit der Reiki-Technik kombiniert. Reiki wurde als besonders hilfreich empfunden, um die erschöpfte Lebensenergie wiederherzustellen, die anderen Behandlungen in ihrer Wirkung zu unterstützen und auf emotionaler und geistiger Ebene Streß abzubauen. Tod ist keine Krankheit und für die Sterbende war Reiki eine vitale Quelle von Vertrauen, innerer Kraft, neuen Erkenntnissen und Seelenfrieden.

12

Reiki für Tiere und Pflanzen

»Alles Lebendige — Tiere wie Pflanzen —
ist in einem äußerst wohl bedachten ökologischen Gleich-
gewicht miteinander verbunden.
Der Mensch hat in dieser Kette der Erneuerung
eine wichtige Rolle zu spielen.«

R. Buckminster Fuller

Reiki ist Lebensenergie und kann deshalb wirksam auf alles
angewandt werden, was *lebt.* Tier und Pflanzen sind integraler Bestandteil unseres Planetensystems, und ihr Schick-
sal ist mit dem unseren verbunden. Bestimmte Gattungen
von Tieren und Pflanzen sterben aus, weil die Menschen in
den modernen Gesellschaften diese *Verbundenheit* mit anderen Lebewesen vergessen haben. In diesem neuen Zeitalter werden wir auf unserem Weg zur Ganzheit lernen müssen, unseren Planeten mit den eingeborenen Tieren und
Pflanzen zu teilen; sie haben nicht nur das Recht, hier zu
sein, sondern sind ein vitaler, integraler Bestandteil des gesamten ökologischen Gleichgewichts. Die Tiere und Pflanzen zeigen ein anderes Bewußtsein als wir, und doch haben
sie Intelligenz, natürliche Wachstumszyklen, Gesundheit,

Krankheit und Tod mit uns gemeinsam. Daß sie anders sind bedeutet nicht, sie sind minderwertig!

Wie die Menschen leiden auch die Tiere und Pflanzen gesundheitlich unter den verheerenden Auswirkungen der Verschmutzung von Luft, Wasser und Nahrungsquellen. Durch ihren engen Kontakt mit den Menschen nehmen die Haustiere in noch stärkerem Ausmaße an für unsere Zeit üblichen Krankheiten teil. Sie bekommen in jüngerer Zeit immer häufiger Krankheiten, die den unseren ähneln. Auch die Motorfahrzeuge sind eine ständige Quelle von Krankheit und Tod für unsere Haustiere, und es gibt bereits Haustierpsychologen, die den durch engen Umgang mit gestreßten Menschen emotional beeinträchtigten Tieren helfen. Im *Time*-Magazin erschien vor kurzem ein Artikel über Massagetherapie für Haustiere, die durch den Druck und die Belastungen des modernen Lebens unter körperlichen Streßerscheinungen leiden, und das *New Age*-Magazin brachte eine Titelgeschichte über chiropraktische Techniken für Tiere.

Von all den Büchern über ganzheitliche Gesundheit und natürliche Heilweisen hat kaum eines ein besonderes Kapitel über Tiere. Dieses Buch hat eines!

Reiki ist lebendige Lichtenergie, und die Reiki-Technik läßt sich sehr gut auf Pflanzen und Haustiere anwenden.

Eine Reiki-Therapeutin in Atlanta bekam einen Anruf von einem der ortsansässigen Tierärzte: er brauchte Hilfe für seinen eigenen Hund. Seine vierjährige dänische Dogge, ein Weibchen, war bei einem Sprung über einen Stacheldrahtzaun hängengeblieben und hatte sich die ganze Unterseite ihres Körpers aufgerissen. Er hatte seinen Hund zweimal operiert und versucht, die Haut und die Wunden zum Heilen zu bringen, aber vergeblich, und er versuchte nun mit einer weiteren Operation, die viele tote Haut zu entfernen. Zu diesem Zeitpunkt begann ein Reiki-Therapeut aus dem Zentrum in Atlanta mit einer Reihe von täglichen Behandlungen vor und nach der Operation, die jeweils 30−45 Minuten dauerten. Er gab dem Hund fünf Behandlungen, und innerhalb dieser kurzen Zeit heilte die Dogge wunderbar. Der Tierarzt war dankbar für Reiki und überzeugt, daß es seinem Hund das Leben gerettet hatte.

Ein fünfjähriger Schnauzer namens Erich, der einer Freundin von mir gehört, wurde plötzlich von der verheerenden Parvovirose* befallen. Seine Besitzerin war den ganzen Tag außer Haus gewesen und spät abends nach Hause gekommen. Sie bemerkte, daß der Hund teilnahmslos und gar nicht hungrig war. Zwei Stunden später entdeckte sie große Mengen getrockneten Blutes, die der Hund erbrochen hatte. Ihr wurde klar, daß er schwer krank war und sie maß seine Temperatur. Er hatte extrem hohes Fieber. Der Durchfall hatte ihn sehr ausgetrocknet, und sein Körper war eiskalt. Um halbzwölf Uhr nachts raste sie mit ihm zum Tierarzt. Ein Freund gab Erich im Auto auf dem ganzen Weg zur Praxis Reiki, und seine eisige Haut wurde wieder lauwarm. Der Arzt gab dem Hund eine in solchen Fällen angemessene Spritze, meinte aber, es sei zweifelhaft, ob er die Nacht überleben würde. Nach Hause zurückgekehrt, rief meine Freundin mehrere Leute an, die im zweiten Reiki-Grad, der eine sehr wirksame Fernheilungstechnik einschließt, ausgebildet waren. Sie wollten helfen und Erich heilende Energie schicken. Am nächsten Morgen ging es dem Hund besser, aber er war noch nicht ›über den Berg‹. Ein anderer ›Reiki‹-Freund erbot sich, in die Klinik zu gehen und Erich eine vollständige Behandlung zu geben. Der Tierarzt war für jede angebotene Hilfe offen. In kaum zwei Tagen hatte der Hund sich fast vollständig erholt und begann, zum Erstaunen aller, einschließlich des Arztes, wie-

---

* von einem Kleinvirus hervorgerufene Hundekrankheit mit meist tödlichem Ausgang

der normal zu fressen und an Kraft und Energie zu gewinnen. Zur Bestätigung der Krankheit wurde ein Bluttest vorgenommen, und der Test war positiv: es *war* Parvovirose. Der Hund hatte sich in unerhört kurzer Zeit von einer gefährlichen und oft tödlich ausgehenden Krankheit erholt.

Erich wurde dann manchmal zweimal täglich mit Reiki behandelt, um sein Energieniveau wiederherzustellen und alle Auswirkungen der schrecklichen Krankheit zu beheben. Reiki hatte ihm buchstäblich das Leben gerettet. Es ist wichtig zu wissen, daß der Hund vor der Krankheit fast drei Jahre lang von seiner Besitzerin mit Reiki behandelt worden war. Sie hatte in diesen Jahren gefunden, daß Reiki für alle ihre Haustiere — sie hatte noch zwei Katzen — eine äußerst wirksame Vorsorgetechnik war. Ihre Tierarztrechnungen waren gering, und den Tieren ging es sehr gut. Als der Hund Parvo bekam, trugen sein guter Gesundheitszustand und Vorrat an Lebensenergie aus den vorangegangenen Reiki-Behandlungen dazu bei, die Gesamtwirkung der Krankheit zu verringern.

Nun folgt die dramatische Geschichte von ›Buckwheat‹, schriftlich niedergelegt von seinem Besitzer. Buckwheat ist als ›Wunderhund von Atlanta‹ bekannt geworden! Eines späteren Abends im Juni saß der achtjährige Buckwheat, nachdem er ein Stück ›Betthupferl‹-Kuchen mit seinen Besitzern geteilt hatte, auf der Veranda und überblickte sein Hinterhof-Territorium. Plötzlich sprangen zwei große Hunde über den Zaun und attackierten den freundlichen, umgänglichen Jagdhund. In dem darauffolgenden Kampf wurde ihm fast das Genick gebrochen, die Ohren zerfetzt, er erhielt Bißwunden am Hals und seine Leber wurde schwer verletzt. Als seine Besitzer ihn fanden, war er im Schock, benommen, desorientiert und fast tot. Der Tierarzt tat, was er konnte, aber Buckwheat reagierte kaum auf die Behandlungen. Er verlor täglich an Vitalität.

Im Juli kam eine Freundin, die Reiki gelernt hatte, zu Besuch. Lynn wußte sofort, daß er mehr Hilfe brauchte, als er durch die Medikamente und die ärztliche Versorgung bekam. Sie behandelte ihn eine Stunde lang mit Reiki. Die Tage vergingen, und Buckwheat ging es immer schlechter. Seine Muskeln wurden schwächer, die Speicheldrüsen funktionierten nicht, und er nahm um die Hälfte seines Körpergewichts ab. Der Tierarzt meinte, die Leber sei so schwer geschädigt, daß er sich nicht mehr erholen würde und schlug bedauernd vor, den Hund einzuschläfern. Lynn wurde von dieser Lage benachrichtigt, und begann daraufhin, dem Hund regelmäßig intensive Reiki-Behandlungen zu geben. Zusätzlich schickte sie ihm abends, wenn sie nach Hause ging, Reiki-Fernheilung. Lynn hatte das Gefühl, daß sie durch Reiki intuitiv das Energieniveau und auch den Lebenswillen des Hundes spüren konnte.

Bei all den Reiki-Behandlungen nahm die Energie des Hundes wieder zu: er konnte seinen Hals wieder bewegen, fraß gut und bellte tatsächlich — sein Heilungsprozeß hatte begonnen! Von da an ging es aufwärts mit ihm. Nun, da er wieder fressen konnte, wurde sein Futter mit Vollkorngetreide, frischem Gemüse, Fleisch und Eiern angereichert, und er bekam immer noch mehr Reiki! Mehrere Wochen später untersuchte ihn der Tierarzt wieder und konnte nicht glauben, daß es sich um denselben Hund handelte. Sogar Buckwheats Leber *schien sich wieder regeneriert zu haben!* Der Tierarzt dachte tatsächlich, es sei ein anderer Jagdhund, und nur die Narben und die nun verheilten zerfetzten Ohren bestätigten Buckwheats wundervolle Heilung. Ich hatte noch nicht die Ehre, Buckwheat kennenzulernen, aber seine dankbare Besitzerin nahm für ihn, für sich selber und für ihren Mann an meinem nächsten Reiki-Kurs teil. Sie erzählte der Gruppe Buckwheats ›Reiki-Geschichte‹ und versicherte uns, daß »seine Verstörtheit und sein Trauma verschwunden sind und er seinen Humor, seine Verspieltheit, seinen Charme und seine Freundlichkeit vollständig wiedergewonnen hat«. Mit Reiki hat Buckwheat seine Gesundheit und Ganzheit und sein Leben wiederbekommen.

Viele Teilnehmer an Reiki-Kursen haben berichtet, wie wirksam sie viele verschiedene Störungen bei Hunden und Katzen mit Reiki behandeln konnten. Ein Mann berichtete, wie Reiki ihm half, seine deutsche Schäferhündin durch ihre epileptischen Anfälle zu bringen. Der sechzehnjährige Pudel einer Dame hatte schwere Hustenanfälle und zuviel Flüssigkeit in den Lungen. Sie behandelte ihn täglich mit Reiki; und innerhalb einer Woche hatten sich diese Symptome erheblich verringert. Eine Frau berichtete, daß sie den Kopf ihres Hundes jeden Tag nur zehn Minuten lang mit Reiki behandle, und seine sehr angespannte, launenhafte Energie hätte sich wieder normalisiert. In einem Reiki-Kurs nannte eine Frau Reiki den ›Lebensretter für Haustiere‹, wegen seiner blutstillenden Wirkung. Ihr Hund war von einem Auto überfahren worden und lag aus einer Beinwunde blutend sterbend auf der Straße. Sie rannte hinaus und gab ihm Reiki, und die Blutung hörte sofort auf. Mit Hilfe von Freunden brachte sie ihn zum Tierarzt, der sich erstaunt darüber äußerte, was Reiki bewirkt hatte. Sie sagte, ohne Reiki wäre der Hund verblutet, bevor sie hätte Hilfe holen können.

Meine Erfahrung ist auch, daß Katzen sehr gut auf Reiki ansprechen, und das wird von vielen bestätigt. Sie scheinen sich von Natur aus leicht auf diese Lebensenergie ›einstimmen‹ zu können. Ich liebe Katzen sehr. Zwanzig Jahre lang habe ich immer mindestens zwei und manchmal bis zu fünf Katzen als reguläre Haushaltsmitglieder gehabt. Ein paar andere kommen immer noch zusätzlich vorbei. Ich habe jahrelang meine Katzen mit Reiki behandelt und habe gefunden, daß sie insgesamt gesünder, lebhafter und weniger oft krank sind. Meine Tierarztrechnungen sind niedriger: wenn die Katzen medizinische Behandlung brauchten, war sie meist weniger kostspielig, die Tiere erholten sich rascher und es gab weniger Nebenwirkungen.

Ein interessantes Erlebnis hatte ich mit einer streunenden Katze, die sich vor meiner Haustür ansiedelte, bis ich sie in die Familie aufnahm. Ich nannte sie Buffy. Wie sich herausstellte, litt Buffy an fortgeschrittenem Blasenkrebs. Aber die Reiki-Behandlungen, die ich ihr gab, halfen ihr, sich zu entspannen und schienen auch ihre Schmerzen zu lindern. Die Nebenwirkungen der Medikamente waren so stark, daß ich schließlich nach Beratung mit dem Tierarzt mit den hohen Dosierungen aufhörte, und mich ganz auf Reiki verließ. Buffy war eine sehr schöne Katze, aber sehr krank. Mit Reiki konnte sie jedoch fressen und ihr Gewicht beibehalten. Als schließlich eine weitere innere Komplikation auftrat, starb Buffy. Sie hatte mir jedoch Gelegenheit gegeben, an ihrem inneren Licht teilzuhaben und zu lernen, wie ich kranke Tiere mit Reiki behandeln konnte.

In Atlanta habe ich sehr viele Katzen behandelt. Das Ergebnis ist, daß das Reiki-Zentrum dort jetzt oft Anrufe bekommt, die um Hilfe für kranke Katzen bitten. Eine der Krankheiten, die wir behandeln, ist Katzen-Leukämie. Es ist eine verheerende Krankheit, die eine Katze ganz plötzlich befällt, ihr alle Lebensenergie entzieht und beinahe unwiderruflich zum Tode führt. Es ist eine sehr ansteckende Krankheit, und die Katze wird deshalb zu Hause behandelt. Ich muß besondere Vorsichtsmaßnahmen treffen, meine Haut und meine Kleider reinigen, um die Krankheit nicht auf andere und auf meine eigenen Katzen zu übertragen.

Vor ein paar Jahren rief mich die sehr niedergeschlagene, aufgeregte und traurige Besitzerin einer wunderbaren dreijährigen Siamkatze namens Sylvia an. Das Geschlecht von Sylvia war als kleines Kätzchen falsch bestimmt worden und sie war eigentlich ein Kater! Er hatte schwere Katzen-Leukämie, und der Tierarzt hatte die düstere Prognose gestellt, daß er bald sterben würde. Seine verzweifelte Besitzerin hatte beschlossen, zusätzliche Hilfe zu suchen.

Als ich damit anfing, Sylvia mit Reiki zu behandeln, hatte er kaum noch Lebensenergie. Er war dem Tode nahe und konnte kaum fressen. In den ersten paar Wochen behandelte ich Sylvia fast jeden Tag. Am dritten Tag saß er zu der Zeit, zu der ich ›gewöhnlich‹ kam, am Fenster. Mit Reiki war rasch eine Verbindung zwischen uns entstanden. Seine Besitzerin berichtete, daß er danach immer wußte, wann ich kam, und am Fenster auf mein Auto wartete.

Zu Beginn der Reiki-Behandlungen hatte Sylvia kahle Stellen am Körper und große bläuliche Wunden an Kopf, Hals und Schultern. Am Anfang des Prozesses mit Reiki schien sich das zu verschlimmern. Sylvia konnte sich kaum bewegen, war ganz ausgetrocknet, die Wundstellen wurden größer und blauer, er verlor noch mehr Fell und nahm sehr ab. Im natürlichen Heilungsprozeß werden Krankheiten manchmal schlimmer, bevor sie zurückgehen. Reiki fördert diesen *natürlichen* Prozeß, aber die Krankheit geht damit oft schneller zurück und heilt dann aus.

Sylvias Besitzerin war bestürzt über sein schreckliches Aussehen und ging immer wieder mit ihm zum Tierarzt. Der beruhigte und meinte, Sylvia könne nichts Schlimmes geschehen und seine Krankheit sei sowieso im Endstadium. Ich hatte Sylvia auf meine Fernheil-Liste gesetzt. Gewohnheitsgemäß schickte ich jeden Abend allen Menschen und Tieren auf dieser Liste Heilenergie. Ich bat Sylvias Besitzerin auch, ihm mehrmals täglich eine bestimmte Platte vorzuspielen. Ich sehe Heilung immer als etwas Ganzheitliches, und mit Reiki als der primären direkten Quelle von Licht- und Lebensenergie benutze ich auch manchmal weitere Quellen, insbesondere bestimmte Musikstücke.

Der Prozeß, den wir mit Sylvia durchmachten, lehrte mich viele Dinge, die mir später, in meiner Arbeit mit anderen, neue Dimensionen des Verstehens eröffneten. An einem Abend, als ich den zweiten Reiki-Grad benutzte, um Heilenergie auszuschicken, fühlte ich mich mit Sylvia *eins* werden. Es war, als ob ich in ihm wäre. Ich konnte die Krankheit sehen und *spüren*. Ich konnte klar die Lichtenergie von Reiki in diesem Kater sehen, als Feuer, das die Krankheit aus ihm *hinaus* brannte. Das erklärte die schrecklichen blauen Wundstellen und all den abfließenden Eiter. Äußerlich bot das Tier einen furchtbaren Anblick von Wunden, Eiter, Haut und Knochen, innerlich wurde es verwandelt. Ich konnte auch sehen, daß das Negative in positive Energie *umgewandelt* wurde — es war reines, weißes Licht.

Es war ein unglaublicher Vorgang, und ich war zutiefst dankbar für dieses Erlebnis mit Sylvia. Seitdem haben mir viele Leute mit Reiki von ähnlichen Erfahrungen erzählt. Mit Reiki haben wir eine direkte Verbindung zu heilender Lichtenergie, und derjenige, der sie bekommt, ist frei, sie so zu nutzen, wie er es braucht. Mit Reiki sind wir der Mitarbeiter in dem Prozeß, aber wir haben keine Kontrolle darüber, *was* die Energie bewirkt.

Ich arbeitete über zwei Monate lang mit Sylvia, manchmal täglich, manchmal nur mit Fernheilung. Ungefähr in der Mitte dieser Periode schien er jeden Augenblick bereit zu sterben. Dann plötzlich nahm er wieder Futter zu sich, seine Augen bekamen ein neues Licht, und allmählich gewann er wieder an Kraft und Lebensenergie. Er brauchte soviel Reiki, wie er nur bekommen konnte! Damals war ich noch nicht Reiki-Meisterin und konnte diese Technik deshalb nicht an Sylvias Besitzerin weitergeben. Tief innerlich wußte ich jedoch, daß ich eines Tages Reiki-Lehrerin werden würde, damit ich andere lehren könnte, ihren Tieren und ihren Lieben Reiki-Behandlungen zu geben.

Inzwischen war Sylvias Lebenskraft wieder vollständig hergestellt. Die Labortests zeigten, daß er keine Leukämie mehr hatte. Sein neues Fell war wunderschön dicht und glänzend. Eines Tages im Frühherbst schaute ich vorbei, um ihm noch eine Reiki-Behandlung zu geben. Als ich den gesunden, verspielten und sehr *lebendigen* Siamkater sah, wußte ich, daß er keine Behandlungen mehr von mir brauchte, und er ließ mich auf seine eigene Weise an diesem Tag wissen, daß er vollkommen gesund war. Gewöhnlich ließ er sich, wenn ich seine Reiki-Behandlung begann, nieder und ließ mich ruhig gewähren. An diesem Tag rollte er sich jedoch augenzwinkernd herum, biß mir spielerisch in die Finger und brachte mir seine Spielsachen zum Fangenspielen. Liebevoll hatte er mich entlassen. Es war mein letzter Besuch bei ihm, aber seine Besitzerin rief mich gelegentlich an, um zu sagen, daß es Sylvia gut ging.

Menschen aus allen Teilen des Landes haben mir ihre Erfahrungen mit Reiki und Katzen erzählt. Nachdem sie die erste der Reiki-Einstimmungen bekommen hatte, berichtete eine Frau der Gruppe, sie habe zu Hause ihre Katze, die teilnahmslos herumlag und nichts essen wollte, ›ge-reikit‹. Sie gab ihr Reiki, und innerhalb einiger Minuten erbrach die Katze eine seltsam aussehende Substanz, nahm dann Futter zu sich, trank ein wenig Wasser und war wieder normal. Ich sagte ihr, sie solle der Katze noch ein paar Tage länger Reiki geben, um ihre Energie ins Gleichgewicht zu bringen und das ›Ki‹ wieder auf einen normalen Stand zu heben. Sie machte das, und das Ergebnis war sehr positiv.

Ein Mann berichtete, daß sich sein sechsjähriger Kater bei einem komplizierten Sturz das Bein gebrochen habe. Der Tierarzt habe es zwar wieder ordnungsgemäß eingerichtet, aber das Bein heile nicht richtig. Ich empfahl ihm, dem Kater täglich dreißig Minuten lang Reiki zu geben, und das tat er. Innerhalb von fünf Tagen ging es dem Tier so viel besser, daß es, Bein und Gips nachziehend, ins Freie ging. Zuvor war es nur teilnahmslos in einer Ecke gelegen.

Eine Frau aus Minnesota erzählte von einer streunenden Katze, die sie aufgenommen hatte. Das Tier war von seinen vorherigen Besitzern schwer mißhandelt und dann ausgesetzt worden und hatte schwere emotionale Störungen. Es hatte Angst vor Menschen, war aber in seinem Verhalten nicht passiv sondern aggressiv geworden. Es griff Menschen an und biß sogar die Gäste, die ins Haus seiner neuen Besitzer kamen. Das feindselige Verhalten der Katze hielt mehrere Jahre lang an. Ihre Besitzerin nahm dann an einem Reiki-Kurs teil, am ersten und zweiten Grad. Mehrere Monate lang gab sie ihrer Katze regelmäßig Reiki. Tagsüber, während der Arbeit, konnte sie ihr Fernheilung schicken. Innerhalb von vier Monaten bemerkten alle, die die Katze kannten, die Veränderung in ihrer Persönlichkeit. Sie konnte jetzt ohne die alten Ängste mit Menschen in Kontakt sein, und die Freunde ihrer Besitzerin konnten sie streicheln, ohne sich Kratzer und Bisse zuzuziehen. Reiki hatte sie auf der nicht-physischen Ebene ihres Katzenwesens erreicht, wo sie so verletzt und angeschlagen war. Die Besitzerin hat mich über den weiteren Heilungsprozeß der Katze auf dem Laufenden gehalten. Sie berichtete, daß die Katze »das Leben jetzt mehr zu genießen scheint«. Sie ist weniger angespannt, und ihr altes ›spukiges‹, sprunghaftes, ängstliches Ich kommt kaum mehr zum Vorschein. Mit Reiki schreitet ihre Heilung voran, und sie gewinnt Ganzheit in ihrem Katzenleben.

Irgendwann in unserem Leben haben wir vielleicht alle einmal Gelegenheit, auch anderen als unseren Haustieren zu helfen. In jedem der Fälle, die ich hier schildern möchte, kam die Gelegenheit für mich unerwartet. Ich war dankbar dafür, Reiki zu haben und so mehr über das Tierreich um uns herum zu lernen.

Ich hatte in Tampa, in Florida, einem Fußballspiel zugeschaut und war beeindruckt von der Kraft der Spieler, von der unglaublichen Stimmung in der Zuschauermenge und von den vielen bunten Farben im Stadion. Nach dem Spiel standen wir in einem Verkehrsstau, da sah ich, wie sich in dem Gras neben dem Bordstein etwas bewegte. Der Verkehr stand sowieso still, deshalb stieg ich aus und näherte mich vorsichtig einer — wie sich herausstellte — Möwe, zweifellos einer Verwandten der Möwe Jonathan, die einen gebrochenen Flügel hatte. Es sah aus, als ob sie gegen ein Auto geflogen und dann dort liegengeblieben war. Ich hatte keine Erfahrung mit verletzten, ungezähmten Tieren, und blieb deshalb einen Moment lang ratlos stehen. Man konnte die Möwe nicht einfach dort liegenlassen. Sie konnte nicht fliegen und auch nicht mehr für sich sorgen, sie würde nicht überleben. Ich dachte daran, wie gut Reiki war, um Menschen zu beruhigen, holte tief Luft, ging auf die Möwe zu und streckte meine Reiki-Hände nach ihr aus. Sie flatterte und stolperte ein Stück weiter. Ich blieb stehen — sie blieb auch stehen. Ich ging wieder auf sie zu, hob sie auf und brachte sie mit ins Auto. Sofort konnte ich die Reiki-Energie aus meinen Händen in ihren ganzen Körper strömen spüren. Ich habe Seemöwen immer geliebt, aber nie berührt oder in den Händen gehalten. Ich konnte kaum glauben, daß mir das geschah. Es war ein unglaubliches Erlebnis, und ich wußte, daß ich ohne Reiki nicht das Vertrauen gehabt hätte, diese Möwe zu berühren.

Mit dem Reiki beruhigte sich die Möwe und nahm die Lebensenergie in sich auf. Sie schien instinktiv zu wissen, was die Reiki-Energie ist, daß es heilende Lebenskraft ist. Sie schien es mit ihrem ganzen Sein aufzunehmen. Mir war sehr lebhaft bewußt, daß der Energiestrom in dieser Möwe dieselbe Energie war, die auch durch mich floß. Die Verbindung war da. Sie versuchte nicht einmal, mich zu beißen, obwohl ich ihren Schnabel nicht bedeckt hatte. Wir fuhren von Tampa direkt zum ›Suncoast Seabird Sanctuary‹ in Indian Rocks Beach am Golf, nördlich von St. Petersburg in Florida.

Es war schon nach Mitternacht, dunkel und kalt, aber nachdem wir mehrmals geläutet hatten, erschien verschlafen aber freundlich ein lieber älterer Mann und nahm die Möwe zur Behandlung auf. Am nächsten Morgen fuhr ich hin, um sie zu besuchen. Es ging ihr nach der Operation bemerkenswert gut. Sie hatte einen Flügel verloren, aber sie konnte nun immer noch ein nützliches Möwenleben führen, für sich selber sorgen und im ökologischen Ganzen ihren Teil tun. Ich hatte eine neue Dimension von Reiki kennengelernt und so etwas darüber erfahren, wie sich die Lebenskraft auf diesem Planeten ausdrückt.

Etwa ein Jahr später fand ich bei einem Spaziergang am Strand einen Kormoran, der benommen im Sand umhertaumelte. Ich rief einen Freund zur Hilfe. Mit vier Reiki-Händen gelang es uns, den Vogel zu beruhigen. Wir schlangen ein Handtuch um seinen langen lebhaften Schnabel, um den Bissen zu entgehen. Ich hielt den Kormoran auf dem Schoß und begann, diesem schönen, natürlichen Geschöpf der See Reiki zu geben. Wir fuhren zum Suncoast Seabird Sanctuary und dort wurde befunden, daß der Kormoran sich wahrscheinlich an verseuchtem Wasser oder Essen vergiftet hatte. Er bekam Antibiotika und konnte so gerettet werden. Wir schickten ihm weiterhin Reiki-Fernheilung, bis er aus dem Schongebiet entlassen wurde.

Vor nicht sehr langer Zeit fand ich noch einen wunderschönen Kormoran am Strand, der auch in Schwierigkeiten war. Sein linkes Bein war so schwer gebrochen, daß er nicht fliegen oder sich sehr weit fortbewegen konnte. Der Vogel war zu lebhaft, als daß ich ihn ohne passende Ausrüstung hätte berühren können, deshalb schickten wir ihm zu zweit

Fernheilung. Wir konnten nur auf etwa knapp einen Meter an ihn herankommen. Wieder einmal fuhr ich zum Suncoast Seabird Sanctuary, um Hilfe zu holen. Leute aus dem Schongebiet hatten schon früher am Tag versucht, den Kormoran zu fangen, aber der Vogel war ihnen ins Wasser entkommen und nicht ins Netz gegangen. Durch die Lichtenergie von Reiki mit dem Vogel verbunden wußte ich, daß er bereit war, Hilfe anzunehmen.

Reiki hatte eine direkte Verbindung von heilender Energie hergestellt und ihn wissen lassen, daß es sicher war, Hilfe anzunehmen. Es war jetzt ruhiger und hatte mehr Vertrauen. Auch jetzt schickten ein Freund und ich ihm heilende Energie ohne ihn zu berühren, und er wurde gefangen und behandelt. Sein Bein heilt jetzt und er wird bald wieder frei sein. Reiki hat wesentlich dazu beigetragen, diesem schönen, schwer verletzten Tier zu helfen. Ohne diese wirksame Technik hätte ich wohl nur wie viele andere voller Mitleid an dem Vogel vorbeigehen können, ohne zu wissen, wie ich ihm helfen konnte.

Die moderne Forschung hat uns vieles über die Sensibilität und die Wahrnehmungsfähigkeit von Pflanzen gezeigt. Die Aufzucht von Pflanzen in Haus und Garten ist eine lohnende und ernsthafte Angelegenheit. Es gibt Anzeichen dafür, daß die Pflanzen auf unsere Liebe und fürsorgliche Aufmerksamkeit reagieren, ebenso wie sie vor Angriffen durch Menschen und Haustiere zurückschrecken. Reiki als Lebens- und Lichtenergie läßt sich sehr wirksam auf Pflanzen anwenden.

Eine Frau erzählte von ihrer aufregenden Erfahrung mit Reiki in ihrem Gemüsegarten. »Ich habe jeden Samen in den Händen gehalten und Reiki hineingegeben«, berichtete sie, »ich hatte das Gefühl, daß ich die Energie der Lebenskraft in den Samen in Verbindung mit dem Reiki aus meinen Händen spüren konnte. Als die Keime herauskamen, habe ich immer meine Hände um die kleinen Pflanzen gehalten und jeder ein paar Mal in der Woche einige Minuten Reiki gegeben. Ich habe dabei selbst so einen inneren Frieden gespürt. Es war, als ob ich eins war mit dem natürlichen Wachstumszyklus. Ich war viel weniger angespannt und so gesammelt wie noch nie in meinem Leben. Ich gab mir auch frühmorgens immer eine Reiki-Behandlung. Die Belohnung für meine Mühen war, daß meine Familie und ich den ganzen Sommer über schönes, volles, großes Gemüse aßen. Meine Familie und meine Freunde waren erstaunt über meine Gartenerfolge in diesem Sommer, nachdem ich vorher einige Mißerfolge erlebt hatte. Ich habe überhaupt keinen Zweifel, daß Reiki die Zutat war, die solchen Überfluß hervorbrachte.

Nun die berühmte Gummibaum-Geschichte von Atlanta! Zur zweiten Sitzung eines Reiki-Seminars brachte eine Frau einen jämmerlichen, fast vertrockneten Gummibaum mit. Sie hatte ihn für achtundzwanzig Cent in einem Supermarkt erstanden. Die kleine Pflanze hatte kaum noch einen Lebensfunken in sich, war von bräunlicher Farbe und hing schlapp in ihrem Topf. In der vorhergehenden Sitzung hatte ich darüber gesprochen, wie Reiki auf alles Lebendige angewandt werden kann, auch auf Pflanzen. Aber ich muß gestehen, als ich sie diese mehr als halb tote Pflanze hereinbringen sah, zögerte ich selber einen Moment lang. Ich holte tief Luft, fuhr mit dem Seminar fort und gab dieser Pflanze mit aller Kraft Reiki.

Andere Kursteilnehmer halfen mit, und wir behandelten das Bäumchen von den Wurzeln aufwärts mit Reiki. Man fängt am besten bei den Wurzeln an. Die lebendige Reiki-Energie kann so nach oben getragen und verteilt werden. Ein paar Monate später sprach ich bei einer Gelegenheit mit der Frau und fragte sie nach dem Gummibaum. Sie antwortete ganz begeistert, er sei unglaublich gewachsen! Sie hatte ihn mit ins Büro genommen und stellte ihn sich manchmal zwischen die Füße, um ihm den ganzen Tag Reiki zu geben. Alle im Büro hatten verblüfft zugesehen, wie die Pflanze immer größer wurde. Inzwischen waren schon Teile der riesigen Pflanze und Ableger abgenommen und verschenkt worden. Die Geschichte dieses einstmals fast vertrockneten Gummibaumes und seiner Reiki-Heilung wurde weithin bekannt. Es besteht überhaupt kein Zweifel, daß die Pflanze mit Reiki in ihrer natürlichen Entwicklung zur Ganzheit vorangeschritten ist, und dabei hat ihre Geschichte uns alle tief berührt.

Viele Leute haben von ähnlichen Erlebnissen mit Reiki und ihren Pflanzen berichtet. Ein Mann schrieb, daß er Reiki erfolgreich in seiner Rosenzucht anwende. Ein anderer erzählte, wie er seinen liebsten Weidenbaum mit Reiki geheilt und wiederbelebt hatte. Eine Frau aus Florida berichtete, wie sie 1980 in dem schlimmen Frost ihren empfindlichen Blumenbüschen und Zitrusbäumen Reiki-Fernheilung gegeben hatte. Im Frühling stand ihr Garten in voller Pracht, die Bäume über und über voller Knospen. Die Nachbarn, deren Pflanzen erfroren waren, wunderten sich über diese Fülle. Der Garten der Frau war der einzig grüne und lebendige im ganzen Block!

In diesem Kapitel sollten Erfahrungen mitgeteilt werden, wie gut Reiki auf Tiere und Pflanzen wirkt. Sicherlich ließen sich auf diesem Gebiet noch viele andere Anwendungsweisen finden. Einer der einzigartigen Aspekte von Reiki ist, daß es eine Verbindung mit lebendiger Licht-Energie herstellt, die der Mensch durch Reiki-Berührung immer kreativ und wirksam und zu jeder Situation passend einsetzen kann. Ich hoffe, daß eines Tages alle Menschen, die Haustiere und Pflanzen besitzen, und alle Menschen, die beruflich mit den wunderbaren Tieren und Pflanzen unserer Welt umgehen, Reiki haben werden.

13

Tod, Sterben und Reiki

»Die ganze Zeit, bis zum Augenblick des Übergangs,
tragen wir all die Ergebnisse unserer Existenz
in Zeit und Raum
in unserem Wesen und in unserem Selbst.
Bei der Transformation jedoch bleibt das alles zurück.
Wir betreten das neue Leben ohne Überreste
aus der Vergangenheit.«

Sufi, al Wasi

Sterben ist eines der wichtigsten, bedeutsamsten und tief-
greifendsten Dinge, die wir in diesem Leben je tun werden.
Aus einem weiteren Blickwinkel betrachtet sind die beiden
wichtigsten Ereignisse in unserem Leben tatsächlich unsere
Geburt und unser Tod. Unsere Geburt war der dramatische
Übergang von einem vorhergehenden Energiezustand —
was für eine Form auch immer dieser gehabt haben mag —
in ein ›Leben‹ auf das, was wir als physische Ebene wahrnehmen. In genau derselben Weise ist unser Tod ein Über-
gangsprozeß aus dieser physischen Form auf eine andere
Ebene des Seins. Es gibt keinen Beweis dafür, daß das Be-

wußtsein bei unserem körperlichen Tod auf dieser Ebene endet. Es scheint tatsächlich gerade das Gegenteil der Fall zu sein!

Unsere ganze Geschichte auf diesem Planeten hindurch, immer, seit wir zum ersten Male die Reichweite und Tiefe unseres Seins zum Gegenstand unserer Betrachtung gemacht haben, war in Wort und Schrift die Rede von einer Realität, die jenseits der Grenzen dieser sogenannten physischen Ebene existiert.

»Niemand kann sagen, wo der Mensch endet«, sagte in unserer Zeit der Schweizer Psychiater C. G. Jung und reflektierte damit die Behauptung der Alten, daß Leben und Bewußtsein fortbestehen, auch wenn die äußere Form sich verändert.

Vor mehr als fünftausend Jahren behaupteten die Ägypter, um die Unsterblichkeit des menschlichen Bewußtseins zu wissen. Im *Buch der Toten,* das die Ägypter tatsächlich *Das Buch vom Heraustreten ans Licht* nannten, wurden viele Ebenen des Seelenlebens beschrieben. »Ich bin wie die Sterne, die Müdigkeit nicht kennen«, stand da geschrieben. »Ich bin auf dem Schiff von Millionen von Jahren.«[2] Das innere Wissen um die wissenschaftlichen Gesetze des Lebens wurde geheimgehalten, und nur wenige Auserwählte wurden darin eingeweiht. Im nun beginnenden Neuen Zeitalter der Menschheit werden die Tore jedoch weit geöffnet. Das Wissen wird uns allen zuteil.

»Es gibt eine Wirklichkeit vor Himmel und Erde« — diese Worte werden Lao Tse zugeschrieben. Plato schrieb: »Der Körper des Himmels ist sichtbar, aber die Seele ist unsichtbar, und sie hat Anteil an Vernunft und Harmonie.«[5] Im Mittelalter sprach der Heilige Thomas von Aquin: »Die Seele existiert unabhängig vom Körper und besteht nach dem Tode des Körpers weiter, indem sie einen neuen, geistigen Körper annimmt.«[5] In der neuen Physik werden alle quantenmechanischen Vorgänge mit Bewußtsein in Verbindung gebracht. Der amerikanische Nobelpreisträger Eugene Wigner drückt es so aus: »Die Erkenntnis, daß physikalische Objekte und spirituelle Werte eine ganz ähnliche Art von Wirklichkeit haben, hat zu meinem geistigen Frieden beigetragen. Es ist der einzige bekannte Standpunkt, der mit der Quantenmechanik übereinstimmt.«[6] Sir Arthur Edington meinte: »Es ist eine primitive Art des Denkens zu meinen, daß Dinge entweder existieren oder nicht existieren.«[7] Zu dieser reichen Tradition fügt Elisabeth Kübler-Ross hinzu: »Ich bin überzeugt, daß es ein Leben nach dem Tode gibt... der Tod existiert nicht wirklich.«[8]

In der ganzen Geschichte der Menschheit ist keine Kultur so keimfrei und unbeteiligt mit dem Sterben umgegangen, wie wir es jetzt meist tun. In unserer Gesellschaft behandeln wir Sterbende so, als ob sie tatsächlich *sterben* würden, und nicht in einem Prozeß des Überganges und der Geburt in einen anderen Seinszustand wären. Sterben und Tod sind ein wesentlicher Bestandteil des menschlichen Lebens, der die Grenzen festlegt, innerhalb derer wir den Sinn unseres Lebens messen können. Elisabeth Kübler-Ross schrieb: »Wenn wir jedoch lernen können, den Tod aus einer anderen Perspektive zu betrachten, ihn wieder in unser Leben hereinzunehmen, so daß er nicht als gefürchteter Fremder, sondern als erwarteter Begleiter kommt, dann können wir lernen, ein sinnvolles Leben zu führen, unter voller Würdigung unserer Begrenztheit, der Begrenztheit unserer Zeit hier.«

Der Tod ist keine Krankheit. Er ist eines der bedeutsamsten, dramatischsten und sinnvollsten Ereignisse in unserem Leben. Er vervollständigt einen Kreislauf der Existenz auf dieser Ebene. Der Tod ist nicht der endgültige Schluß unseres Seins. Er ist ein schöner und natürlicher Prozeß, in dem alles, was wir gewesen sind, in den immer gegenwärtigen und ewigen Moment des ›Hier und Jetzt‹ integriert wird. Der Tod ist der tiefe, volle Atemzug, mit dem wir in die nächste Phase unseres Entfaltungsprozesses übergehen, der herrliche Augenblick unserer Geburt in eine neue Existenz.

Sterben und Tod sind Vorgänge, die uns vom Augenblick unserer physischen Geburt an stets begleiten. In unserer modernen Gesellschaft sind wir allerdings von unserer Quelle, von unserer lebenserhaltenden Verbindung abgeschnitten, wir haben ›vergessen‹, wie wir jenen ursprünglichen wesentlichen Kontakt mit dem, was wir wirklich sind, wieder herstellen können.

Wir haben uns immer mehr den Reizen der äußeren Welt zugewandt und unser inneres Sein wenig beachtet. Wir sind ›eingeschlafen‹ und sind uns unserer ›wahren Verbindung‹ unbewußt geworden. Fasziniert von der modernen Technik und von sensationellen äußeren Formen geblendet, haben wir die Verbindung mit unseren Mythen, unserer wahren Religion, unseren Ritualen und Symbolen, die für unsere Ganzheit wesentliches Wissen sorgfältig bewahren und überliefern, verloren.

In unserer Kultur ist nicht nur verboten, über Sterben zu sprechen — man darf noch nicht einmal daran denken! Es ist unhöflich! Es ist in unserer heutigen Gesellschaft zum ›obersten Tabu‹ geworden. Wir betrachten den Tod meist als ›das Schlimmste‹, was uns passieren kann — dabei ist er ein vollkommen natürliches, erfüllendes und befreiendes Gipfelerlebnis — ganz gleich, wann er für jeden von uns kommt. Es gibt keinen tragischen oder unzeitgemäßen Tod. Es gibt nur das, was zu unserem gesamten Entfaltungsprozeß gehört. Alle Teile gehören in ein größeres Ganzes, und kein einziges Teilstück könnte, wenn das Ganze einmal in Bewegung gesetzt ist, weggelassen werden. Ohne diesen Teil wäre das Ganze nicht mehr das, was es ist.

In meiner Heilarbeit mit Reiki bekam ich viele Gelegenheiten zu wachsen und ein weitreichenderes Verständnis von Heilung und Ganzheit zu erwerben. Ich brauche wohl kaum zu betonen, daß die größten Herausforderungen und Gelegenheiten zu tieferer Einsicht die waren, wenn ich gerufen wurde, um jemanden >vor dem Tod zu retten<. Ich möchte hier von einer meiner frühen Gelegenheiten berichten, Reiki in einem Sterbefall einzusetzen.

Ich wurde von der Familie eines Mannes von Anfang Dreißig gerufen, der Leberkrebs im Endstadium hatte. Phils Frau und seine Mutter hatten von einer Freundin gehört, daß ich >sie von ihrem Tumor geheilt< hätte. Nun sollte ich kommen und eine Wunderheilung vollbringen. Nach dem Anruf betete und meditierte ich. Ich wußte, daß nicht *ich* den Tumor ihrer Freundin geheilt hatte, sondern die Lichtenergie von Reiki. Bei dem Anruf hatte ich die verzweifelte, sehr angespannte und emotional beladene Energie der beiden Frauen wahrgenommen. Ihre Bitte, ich solle >eine Spontanheilung machen<, ließ keine Zweifel über das Ausmaß ihrer Erwartungen offen.

Eine meiner wichtigsten frühen Lektionen über die Heilungsarbeit — und für diese Lektion bin ich zutiefst dankbar —, war die, daß das Ego im Heilungsprozeß keinen Platz hat. Der Heiler oder Übermittler von Lichtenergie kann dabei nicht Befriedigung oder sonst irgendeine Art von Belohnung für sein äußeres Ich im Auge haben, noch kann er sein Ego an äußeren Ereignissen oder Erwartungen festmachen.

Als ich im Krankenhaus ankam, lernte ich Phil kennen. Es stellte sich heraus, daß er sich in den allerletzten Stadien seines Lebens auf dieser Ebene befand. Er hatte starke Medikamente bekommen und war bewußtlos. Er kam auch nicht mehr wieder zu Bewußtsein. Der Krebs hatte sich von seiner Leber und Bauchspeicheldrüse auf Lunge und Magen ausgebreitet. Aufgrund der starken körperlichen Verfallserscheinungen waren zusätzliche Komplikationen aufgetreten. Die Ärzte hatten hinsichtlich seines geschwächten und todesnahen Zustandes entschieden, daß er nicht operiert werden konnte. Seine Frau und seine Mutter waren in einem hysterischen Schockzustand.

Das, was während der nächsten Tage geschah, gab mir ein tiefes Wissen darüber, daß Reiki im Prozeß des Sterbens und des Todes ein vollständiges und tiefgreifendes Hilfsmittel ist. Reiki ist das Beste, was ich kenne, um jemandem im Prozeß des Sterbens körperlich, geistig und seelisch beizustehen und zu helfen. In den letzten Tagen seines Lebens gab ich Phil viele vollständige Reiki-Behandlungen und verwandte zusätzliche Zeit darauf, Leber und Bauchspeicheldrüse zu behandeln. In der Nacht nach der ersten Reiki-Behandlung hustete er riesige Mengen von Schleim aus den Lungen. Von da an konnte er normaler atmen. Er hatte vorher gekeucht und um Atem gerungen und war an den Schleimklumpen in Hals und Lungen fast erstickt. Am nächsten Morgen staunte der Arzt, wie sehr die extreme Schwellung in Phils Leber zurückgegangen war. Phils graublasses Gesicht hatte auch wieder Licht und Farbe angenommen — er ruhte friedlich, aber er lag eindeutig im Sterben.

Während der nächsten fünf Tage fuhr ich damit fort, Phil vollständige Reiki-Behandlungen zu geben. In den frühen Morgenstunden des sechsten Tages verließ er seinen Körper. Es war eine große Ehre für mich gewesen, ihm in diesem schönen Prozeß beistehen zu dürfen. Reiki hatte innerlich eine direkte Verbindung zwischen ihm und mir hergestellt, und eine direkte Verbindung zu seiner Seele. Es war ein außerordentliches Erlebnis von reiner Ekstase — mit Worten nicht zu beschreiben. Durch die Lichtenergie von Reiki hatte Phil unmittelbare körperliche Erleichterung bekommen und konnte auf angenehmere Weise sterben. Reiki berührte ihn jedoch auch in seinem tiefinnersten Wesen. Ich sah sein Licht und erkannte ihn innerlich im Stillen, wußte um seine Kämpfe und Triumphe und um sein Licht, war eins mit ihm und teilte diesen ganzen herrlichen Prozeß des Sterbens mit ihm, voller Ehrfurcht vor seiner Größe und Majestät. Er veränderte sein Leben und auch meines. Die alten Ängste vor dem Tod, die Mißverständnisse und Fehlinterpretationen fielen ab, lösten sich beinahe augenblicklich auf.

Das Erlebnis, das ich in den inneren Dimensionen mit ihm teilte, war eines von Freude, von Fülle, von Feierlichkeit. Es war, als ob ein kosmisches Ereignis von großer Bedeutung geschähe, und alle Sterne waren da — ein unglaubliches Licht. Auf der inneren Ebene war der ganze Prozeß machtvoll und gleichzeitig sanft, yang und gleichzeitig yin und erfüllt von Licht. Phils innerer Frieden war überwältigend.

In scharfem Kontrast dazu erschienen die äußeren Vorgänge in dem Zimmer um ihn herum belanglos, leer und unwirklich — die Sterilität der Klinik, das Zögern des Personals, die Angst und dumpfe Resignation der Mutter, das zunehmende Entsetzen, die Wut und Bitterkeit seiner Frau. Alle Menschen um ihn herum waren in den äußeren Vorgang verstrickt — den seines Körpers, der die Lebenskraft, das *ki* losließ. Im Äußeren schien es irgendwie kalt und endgültig, aber *gleichzeitig* fand im Inneren ein großes Ereignis statt. Die äußere Erscheinung war eine Illusion. Die Wahrheit lag in dem inneren Prozeß, und durch Reiki war ich bewußt in Berührung damit gekommen.

Im alten Tibet und Ägypten bekam der Sterbende Anweisungen für die Befreiung seiner Seele aus dem Körper und für den Übergang von einem Zustand des Seins in den anderen. Gewöhnlich nahm jemand an dem Sterbeprozeß teil und diente als Führer und Beistand. Heute drücken wir uns am liebsten darum, mit Tod und Sterben überhaupt in Berührung zu kommen. Wir lassen den Sterbenden allein und rationalisieren unsere Ängste mit Sätzen wie: »Laßt ihn in Ruhe sterben«, »ruft mich, wenn es vorbei ist«, oder »sie wäre sicher lieber allein«.

Reiki ist eine Brücke zwischen der alten Weisheit und der mißlichen Lage, in der wir uns jetzt befinden. Seit meinem frühen Erlebnis mit Phil und Reiki habe ich viele Menschen im Sterben begleitet. Die Reiki-Technik und die direkte Verbindung mit Lichtenergie, die sie herstellt, läßt uns mit allen Ebenen des Seins eines Menschen in Berührung kommen und ist eine sichere und natürliche Methode, im Tode die Energie aus dem Körper loszulassen. Wir brauchen vor der Erfahrung des Todes keine Angst mehr zu haben. Wir können unser tägliches Leben aus einer neuen Sicht leben, in dynamischer Ganzheit und im Bewußtsein unserer Unsterblichkeit. Auf der ›Continuum‹-Ausstellung in Minneapolis wurde die sehr provozierende Frage gestellt: »Wenn Sie sich Ihrer eigenen Unsterblichkeit sicher wären, würden Sie dann Ihr Leben anders leben?« Wir brauchen uns vor dem Tod nicht mehr zu fürchten. Wir können unser tägliches Leben aus einer neuen Sicht leben, in dynamischer Ganzheit und im Bewußtsein unserer eigenen Unsterblichkeit.

In den Reiki-Kursen gebe ich Anweisungen, wie Reiki am besten eingesetzt werden kann, um einem Familienmitglied, einem Freund oder einem Patienten in seinem Sterbeprozeß beizustehen. Über die Jahre haben mir viele Menschen geschrieben und zum Ausdruck gebracht, wie Reiki ihnen das Vertrauen gab, geliebte Menschen im Sterben zu berühren, wieviel sie in diesem Prozeß über Tod und Sterben und letztendlich über das Leben gelernt haben, und wie sich ihnen darüber hinaus neue Sichtweisen über die Unsterblichkeit aufgetan haben.

Ein Mann kam zu einem späteren Reiki-Kurs, um seine Erfahrungen mit Reiki als einer Hilfe beim Sterben und im Tod mitzuteilen. Er berichtete folgendes: Sein Vater lag mit Krebs im Endstadium im Krankenhaus. Tom wurde zu ihm gerufen, weil er jeden Augenblick sterben konnte. Toms Beziehung zu seinem Vater war von Kindheit an außerordentlich schwierig gewesen. Als ein sensibles, künstlerisch begabtes Kind hatte er sich vor der dominierenden ›Macho‹-Persönlichkeit seines Vaters zurückgezogen. Noch bevor Tom zehn Jahre alt war, hatte seine Mutter ihn in eine andere Stadt gebracht, wo er aufwuchs. All die Jahre hindurch waren die sowieso seltenen Kontakte mit seinem Vater bestenfalls unerfreulich gewesen. Der Alkoholismus des Vaters hatte Tom noch zusätzlich gegen ihn eingenommen, und er hatte im Laufe der Zeit nur immer mehr Bitterkeit, Feindseligkeit und Haß gegen seinen Vater angehäuft. Tom war jetzt Mitte Fünfzig, aber als der Anruf ihn ans Sterbebett seines Vaters rief, brach die alte Wut wieder in ihm auf. Widerwillig machte er sich auf den Weg nach New York. Mit jedem Schritt, den er sich seinem sterbenden Vater näherte, wuchs seine Anspannung.

Vor dem Krankenzimmer angelangt, holte er tief Luft, machte die Tür auf und sah sich dem Manne gegenüber, der über all die Jahre hinweg gefühlsmäßig und geistig eine solche Macht über ihn ausgeübt hatte. Da lag sein Vater — jetzt gebrochen, schwach, bleich, fast schon tot. Die körperlichen Schmerzen, die er ertragen mußte, waren qualvoll. Er war kaum in der Lage, mit Tom zu sprechen.

Tom sagte, das einzige, was ihm in dem Moment einfiel, war Reiki. Die Schmerzen seines Vaters waren durch schwere Arthritis und eine komplizierte Herzstörung noch verstärkt, und er konnte nur eine begrenzte Menge von Schmerztabletten bekommen. Seine schrecklichen Schmerzen weckten Toms Mitleid. Er sagte, ohne Reiki würde er sich völlig hilflos gefühlt haben — er hätte nur untätig herumstehen können und hätte vielleicht sowieso vermieden, sich im Zimmer seines Vaters aufzuhalten.

So bat ihn sein Vater jedoch wiederholt um Reiki, denn es linderte seine starken Schmerzen. Auffällig war auch, wie die Farbe in sein Gesicht zurückgekehrt und seine Augen leuchtender wurden. Tom bemerkte, daß beinahe unmittelbar nach der ersten Behandlung mit Reiki ein Strahlen, eine ›Lichtenergie‹, vom Kopf seines Vaters ausging.

Nach zwei Tagen schlief der Vater gut, aber das *Ki* verließ seinen physischen Körper. Sie hatten ein Handzeichen vereinbart, sagte Tom, mit dem sein Vater ihm bedeutete, wann er Reiki haben wollte. Sprechen war zu anstrengend. Gegen Mittag des dritten Tages verschied der Vater. Tom hielt im Sterben seinen Kopf und gab ihm Reiki. Danach gab er ihm noch ein wenig Reiki auf das Herzchakra. Er konnte sein tiefinneres Einssein mit seinem Vater spüren, sagte mir Tom — tief im Inneren waren Wärme und Frieden, Liebe und Licht. Er sagte, mit Reiki hätte er spüren können, wie die Seele seines Vaters den sterbenden Körper verließ. Als Tom später aus dem Zimmer ging, sah er, daß der ganze Raum von einer wunderbaren weißen Lichtenergie erfüllt war.

Tom hatte der Gruppe von diesem Erlebnis erzählt, weil er andere wissen lassen wollte, wie wichtig er Reiki als Hilfe im Sterben und im Tode fand. Einmal wenigstens waren er und sein Vater auf einer stillen, inneren *wirklichen* Ebene in Liebe und Frieden zusammengekommen. Er hätte noch einiges mit seinem Vater zu verarbeiten, sagte er, aber Reiki hätte ihm viele Türen geöffnet, die zuvor durch negative Erinnerungen versiegelt waren.

Es gibt keine Grenzen dafür, wie Reiki im Prozeß des Sterbens eingesetzt werden kann. Der Tod ist ein wahrhaft kosmisches Ereignis, in dem die Seele ihre Reise in neue Dimensionen hinein fortsetzt. Reiki gibt uns ein machtvolles und doch sanftes Mittel, mit dem wir teilnehmen können ohne zu stören, mit dem wir das Leben berühren, und nicht den Tod, und mit dem wir, anstelle von Getrenntheit, unsere Verbundenheit mit dem Wesen spüren können, das diesen tiefen Prozeß durchmacht.

Wie wunderbar wird es sein, wenn Krankenschwestern, Ärzte und andere Menschen, die beruflich mit Sterbenden zu tun haben, auch in Reiki ausgebildet sind. Was für eine wertvolle Technik z. B. für Menschen, die in der Sterbehilfe arbeiten. Reiki läßt sich mit Leichtigkeit in den herkömmlichen medizinischen Rahmen einfügen und in andere alternative Methoden ebenfalls. Welch ein schönes neues Zeitalter in jedem von uns, wenn wir uns selbst, unseren Freunden und Mitmenschen und unseren Tieren im natürlichen Prozeß des Sterbens mit der Lichtenergie von Reiki Hilfe und Unterstützung geben können.

14

Spontanheilungen mit Reiki

*»Energie kann in Raum und Zeit
hereinkommen und sie wieder verlassen.«*

Dr. Jack Sarfatti

In der Geschichte der Menschheit gibt es immer wieder Berichte von Spontanheilungen. Es stimmt allerdings, daß bis jetzt nicht jeder Mensch in jeder Situation spontane Heilung erfährt, aber dieses Phänomen existiert, nicht nur als Möglichkeit, sondern als tatsächliche menschliche Erfahrung. Wie der amerikanische Nobelpreisträger Eugene Wigner sagte: »Jedes Phänomen ist unerwartet und, bis es entdeckt worden ist, höchst unwahrscheinlich. Einige bleiben auch noch lange Zeit nach ihrer Entdeckung unverständlich.«[1]

Was ist eine Spontanheilung? Was läuft dabei ab? Das Wörterbuch definiert *spontan* als ›ohne ersichtliche äußere Ursache auftretend; selbsterzeugt; unwillkürlich; unvorhergesehen‹. In Reiki-Seminaren benutze ich das Wort zur Bezeichnung von Erlebnissen, wo bei der Anwendung von Reiki innerhalb relativ kurzer Zeit Heilung eintritt. Manche

Menschen haben mit Reiki auch eine augenblickliche Heilung erlebt.

Der wesentliche, einer Spontanheilung zugrundeliegende Mechanismus läßt sich mit dem Begriff ›extempore‹ verstehen, aus dem Lateinischen ›ex‹ = aus und ›tempus‹ = Zeit. Spontanheilungen geschehen in etwas, das jenseits der Grenzen der äußeren Welt und des äußeren Selbst liegt, jenseits von Körper, Gefühlen und Intellekt. Der Mensch ist dabei *buchstäblich* ›außerhalb der Zeit‹. Der Mensch, der eine Spontanheilung erfährt, ist für einen Augenblick, blitzartig, befreit, aus der Bindung an alte Muster entlassen und direkt mit der ewigen, universellen Lebenskraft verbunden. In dieser Dimension gibt es keine Begrenzungen.

In den Beschreibungen von Menschen, die Spontanheilungen erlebt haben, finden sich mehrere ähnliche Elemente. Sie sehen z. B. ein intensives ›weißes Licht‹ oder werden zu diesem Licht, sie haben kein Zeitgefühl wie wir es kennen, sie erfahren sich als eins mit Gott, frei von Furcht und erleben totales Bewußtsein. Ein solches Erlebnis nimmt den Betreffenden aus den alten Mustern oder Grenzen heraus und bringt ihn in eine andere Dimension des Seins. Es geschieht manchmal in tiefer Meditation, durch kreative Visualisierungen oder sogar auch in intensiven Krisenmomenten. Mit Reiki kann eine Spontanheilung durch direkte Anwendung und Konzentration auf diese Licht-Energie geschehen.

Eine meiner Klientinnen, die ihre elfjährige Tochter wegen eines Ekzems zur Reiki-Behandlung brachte, kam zu einer Sitzung zu spät. Sie und ihre Tochter waren sichtlich erregt, und ihr drei Monate altes Baby weinte noch immer. Auf dem Weg zu mir hatte das vor ihnen fahrende Auto plötzlich gebremst, das Baby war vom Sitz geschleudert worden, mit der Stirn auf das Armaturenbrett geschlagen und zu Boden gefallen. Es hatte eine dicke, leuchtend rote

157

und, seinem Schreien nach zu urteilen, noch immer schmerzhafte Beule am Kopf. Wir setzten uns alle hin, und ich nahm das Baby und legte meine Reiki-Hände auf die Beule. Wir sprachen miteinander, und alle entspannten sich. Das Baby hörte sofort auf zu schreien und innerhalb der vier Minuten, die ich ihm Reiki gab, waren die Schwellung und Rötung an seinem Kopf verschwunden. Seine Mutter und seine Schwester waren wirklich verblüfft. Ich schlug ihnen vor, an einem Reiki-Kurs teilzunehmen, damit in Zukunft *sie* in Notfällen und in anderen Situationen Reiki anwenden könnten.

Eine Krankenschwester in Detroit, die den Reiki-Kurs gemacht hatte, arbeitete in einer Volksschule. Man brachte ihr ein schreiendes kleines Mädchen, das von einer Biene gestochen worden war. Der Arm des Kindes war rot und geschwollen und tat weh. Die Schwester setzte sich hin, sprach mit dem Kind und gab ihm dabei Reiki auf den Arm. Sie berichtete, daß innerhalb von Minuten der Bienenstachel aus der Wunde fiel und die Schwellung und Rötung verschwunden waren. Außerdem trat die übliche allergische Reaktion des Kindes auf Bienenstiche nicht auf. Beide, sie und das Kind, waren verblüfft über diese augenblickliche Heilung mit Reiki. Das Kind konnte nach ein paar weiteren Minuten wieder hinausgehen und spielte weiter.

Susan kam mit ihrem Begleiter in London aus dem Theater. Es war ein kalter, regnerischer Januarabend. Plötzlich rutschte sie auf der Treppe aus, schlug heftig auf die Knie auf, schlitterte über den Gehsteig und prallte gegen eine Straßenlaterne. Die Schmerzen in beiden Knien und im Kopf waren fürchterlich. In einem lichten Moment fiel ihr ein, daß sie Reiki anwenden könnte. Sie setzte sich ein paar Minuten hin und gab sich Reiki, bis die Schwellung und der Schmerz in ihren Knien und im Kopf vergangen waren. Dann stand sie auf, und die beiden setzten ihren Abend fort.

Sie sagte, ohne Reiki hätte es nicht nur länger wehgetan, sondern ihre ganzen Englandferien wären zunichte gewesen. Sie hatte keinen Zweifel über die Schwere ihrer Verletzungen und die Wirksamkeit von Reiki ›an Ort und Stelle‹.

Ken, ein Rechtsanwalt, der an dem Reiki-Kurs teilnahm, um einer geliebten Nichte durch die Endphase einer sehr schweren Krankheit helfen zu können, berichtete während der zweiten Kurs-Sitzung, daß sein vierjähriger Sohn die Treppe zum Hinterhof hinuntergefallen war. Er hatte den Schrei gehört und war dem Jungen sofort zu Hilfe geeilt. Das Kind hatte eine große Beule am Kopf und schrie fassungslos. Ken hielt ihn im Arm und gab ihm Reiki auf die Beule und auf den Hinterkopf. Innerhalb von Minuten waren Beule und blauer Fleck verschwunden, und der Junge war vollkommen ruhig und ging wieder zum Spielen. Für Ken war dieses Erlebnis in zweierlei Hinsicht verblüffend: 1. weil die Beule mit Reiki in ganz wenigen Minuten vollständig geheilt war und 2., weil das Kind sich sofort beruhigt hatte. Er sagte, sein Sohn hätte sonst vor jeder Art von Fall, groß oder klein, immer besondere Angst gehabt, und es hätte immer mehrere Stunden gedauert, ihn nach einem solchen Erlebnis zu beruhigen. Ken hatte noch vier weitere Kinder und sagte, er sei froh, daß er jetzt und in Zukunft Reiki habe, da würden seine Arztrechnungen sicher weniger!

Eine Frau schrieb, sie sei beim Reinigen eines Kronleuchters aus Kristall mit dem rechten Oberarm an eine Glühbirne gekommen, die etwa fünf Stunden lang gebrannt hatte. Sie spürte den Brandschmerz, konnte aber nicht gleich weg, weil sie gerade dabei war, eine schwere Kristallkette wieder anzubringen. Schließlich stieg sie langsam vom Stuhl und gab sich nur zehn Minuten lang Reiki. »Die tiefe, halbmondförmige Brandwunde auf meinem Oberarm war weg«, schrieb sie. »Ich bekam keine Blasen an der Stelle, die Haut ging nicht ab, es tat nicht weh und verfärbte sich nicht einmal.«

Eine Frau aus New York, Mitte Sechzig, die Reiki erfolgreich zur Behandlung der schweren Arthritis anwandte, an der sie seit achtzehn Jahren litt, schrieb über ihre anderen Reiki-Erfolge. An einem kalten, windigen, verschneiten Morgen war sie mit einer beginnenden Stirnhöhlenerkältung aufgestanden. »Eine zehnminütige Reiki-Behandlung und meine Stirnhöhlen waren wieder *normal*«, schrieb sie. Das Geld, das sie für das Reiki-Seminar bezahlt hatte, sei wirklich nicht der Rede wert, schrieb sie am Ende des Briefes — »was Sie lehren ist unbezahlbar!«

Eine Frau Anfang Dreißig sollte wegen eines großen Nierensteines operiert werden, der sich mit Medikamenten nicht auflösen wollte. Carol und Larry, zwei Geschäftskollegen, die Reiki hatten, gaben ihr eine fünfundvierzigminütige Reiki-Behandlung und schlugen vor, sie solle sich vor der Operation noch einmal röntgen lassen, weil Reiki innere Steine auflösen könne. Am nächsten Tag ging sie in die Klinik und erreichte mit ziemlicher Mühe eine zusätzliche Röntgenbehandlung. Zu aller Erstaunen, zum Ärger des Arztes und zu ihrer eigenen Erleichterung war der Nierenstein verschwunden. Die Operation wurde abgesagt. Auch nach einem Jahr war kein Rückfall aufgetreten.

Der dreiundzwanzigjährige Jim arbeitet als Schweißer in einer Metallblechfabrik. Er hatte den Reiki-Kurs als besonderes Weihnachtsgeschenk von seiner Mutter bekommen. Nach der zweiten Reiki-Sitzung ging er zur Arbeit. Irgendwann unter der Arbeit griff er nach einem heißen Metallstück, nahm es auf und merkte dann, daß er nur den einen Spezialhandschuh anhatte — die andere Hand war nackt. Sofort spürte er den Schmerz. Er ließ das heiße Metall fallen, setzte sich hin und gab seiner Hand Reiki. Er sagte, er traute sich gar nicht, die Hand anzuschauen, sondern saß bloß vornübergebeugt da und gab sich Reiki. Ungefähr eine halbe Stunde später schaute er seine Hand an. Es war eine Spontanheilung. Die Hand war weder rot, noch geschwollen, tat nicht weh, und es gab auch keine Blasen. Der Schmutz, der an seinen Fingern gewesen war, war jetzt in der neuen Haut. Die neue Haut war glatt und glänzend – wie gebügelt. Alle im Kurs untersuchten die Hand und sahen, daß Reiki eine Spontanheilung bewirkt hatte. Er sagte, er wisse nicht, was er ohne Reiki gemacht hätte. Sein Chef bestätigte ihm später, daß die Temperatur des Metalles, als er es anfaßte, ungefähr $300-400\,°C$ betragen haben mußte – unmöglich, es mit bloßen Händen zu berühren, ohne ernsthafte und bleibende Schäden davonzutragen.

Auf einer von der A.I.R.A. organisierten Ägyptenfahrt im Jahre 1980 stolperte eine Frau über einen großen Zementblock und stürzte schwer. Sie hatte den Block nicht gesehen und hatte keine Zeit, den Sturz abzufangen. Sie schlug hart auf dem Steißbein auf. Der Schmerz dabei mußte, wie sie später sagte, schrecklich gewesen sein, und sie verlor das Bewußtsein. Ich stand ein paar Meter von ihr entfernt, sah den Unfall, rannte zu ihr und gab ihr Reiki auf das untere Ende der Wirbelsäule und oben auf den Kopf. Sie kam sofort wieder zu sich, der Schmerz verging, sie stand auf und war wieder vollkommen in Ordnung. »Als Sie mich berührt haben, konnte ich irgendwo in mir die weiße Licht-Energie von Reiki meine Wirbelsäule hinauflaufen sehen«, sagte sie. »Ich konnte spüren, wie meine Beine, mein Rükken und mein Kopf augenblicklich heil wurden.« Der ganze Vorgang von ihrem Sturz bis zu ihrer Spontanheilung dauerte keine Minute.

Eine Frau berichtete, wie ihr Mann nach einem Autounfall völlig verstört und mit einer Halsverletzung nach Hause kam. Sie sah, daß er sich in einem angstvollen Schockzustand befand, ließ ihn sich auf dem Boden ausstrecken und gab ihm eine Reiki-Behandlung, während er seiner Frau weiter erklärte, was geschehen war. Der Schmerz und die Schwellung an seinem Hals verschwanden augenblicklich, und innerhalb von zehn Minuten hatte er sich vollkommen entspannt. Reiki hatte seine Energien auf der physischen und emotionalen Ebene augenblicklich wieder ins Gleichgewicht gebracht.

Während eines Reiki-Seminars zeigte ich an einem Mann von Ende Vierzig die genauen Behandlungs-Positionen. Während ich sprach, hatte ich meine Hand auf seinem oberen Rücken liegen lassen. Plötzlich hörten wir alle ein lautes ›pop‹. Ich hielt überrascht mitten im Satz inne. Der Mann, den ich als Demonstrationsobjekt benutzt hatte, sagte, er habe im Rücken monatelang eine schmerzhaft blockierte Stelle gehabt. Ein Wirbel war verrutscht und mit anderen Therapien nicht wieder in Ordnung gekommen. Diese Stelle sei offenbar spontan geheilt. Mit Reiki sind körperliche Manipulationen überflüssig — die Licht-Energie hatte genügt, um den Wirbel wieder an seine Stelle zu rücken!

Einmal ließ ich meine Zuhörer hinaus und klemmte mir dabei einen Finger zwischen zwei sehr großen und schweren Holztüren ein! Der Schmerz war sehr intensiv. Mein Finger lief leuchtend rot an und schwoll sofort. Ich setzte mich draußen hin und gab ihm fünfzehn Minuten lang Reiki. Der Schmerz hörte sofort auf. Als ich meinen Finger dann wieder anschaute, sah er ganz normal aus. Ich war verblüfft. Reiki hatte die Verletzung augenblicklich zurückgenommen! Der Finger zeigte keine Spur von irgendeiner Beschädigung.

Am dritten Tag eines Reiki-Seminars kam Karen, eine junge Mutter, mit sichtlicher Freude in den Raum. Sie war sich über Reiki nicht so sicher gewesen, nahm aber an dem Kurs teil, um ein paar schwierige gesundheitliche Probleme, die sie selber hatte, behandeln zu können. Sie erzählte, was geschehen war: Ihre beiden kleinen Kinder hatten sich im Wohnzimmer gebalgt, und das eine hatte das andere aus Versehen geschubst, so daß es sich den Kopf an der Ecke des Fernsehers anschlug. Die ganze Stirn des Kleinen schwoll zu einer dicken, roten Beule an, und alle gerieten in Panik. Der Großvater rannte nach Eis, die Großmutter nach feuchten Tüchern, und Karen legte inmitten des lauten Geschreis ihre Reiki-Hände auf seine Stirn. Die Beule war sofort verschwunden. Die anderen waren inzwischen mit ihren verschiedenen Heilmitteln zurückgekommen, aber der Kleine lachte schon wieder. Nachdem sie selber gesehen hatten, daß von der vorher schweren Verletzung keine Spur mehr zu sehen war — keine Schwellung, keine Rötung, keine Farbveränderung — waren alle von Reiki überzeugt. »Mami, jetzt hast Du Zauberhände«, meinte der kleine Sohn.

Die Worte des Jungen erinnerten mich an Arthur C. Clarkes berühmtes ›Drittes Gesetz‹, das besagt, daß jede genügend fortgeschrittene Technik von Zauberei nicht zu unterscheiden ist. So ist es auch mit Reiki.

Viele Menschen berichten mir von Spontanheilungen während einer der vier Energie-Aktivierungen, die im Seminar gegeben werden, und die Beschreibungen dessen, was sie erleben, ähneln sich meist. Eine Frau um die Fünfzig, die zwanzig Jahre lang als Geistheilerin gearbeitet hatte, berichtete, daß bei einer der Reiki-Aktivierungen eine schwere Verletzung in ihrem unteren Rücken spontan geheilt war. Sie hatte dabei intensive Wärme gespürt, ›weißes Licht‹ gesehen und gefühlt, wie die blockierte Energie in ihrem Rücken befreit wurde. Die Verletzung hatte ihr nach zwölf Jahren noch immer starke Schmerzen verursacht und sie in ihren täglichen Aktivitäten behindert. Jetzt war sie befreit davon. Ich traf sie ein Jahr später wieder, und sie bestätigte, daß sie wirklich ganz geheilt sei und daß es ihr mit der täglichen Reiki-Behandlung besser ginge als je zuvor. Sie sah auch ganz jung und strahlend aus.

Marilyn, die drei Jahre zuvor bei einem Verkehrsunfall eine schwere Halsverletzung davongetragen hatte, berichtete der Gruppe von einer Spontanheilung während der ersten Energie-Aktivierung. Sie spürte dabei eine intensive, warme Energie. Sie hatte schon verschiedene Behandlungsarten ausprobiert, aber der Schmerz und die Starre in ihrem Hals waren geblieben. Während der nächsten Reiki-Sitzungen zeigte sie den anderen begeistert, wie leicht sie jetzt den Kopf hin und her bewegen konnte.

Robert, ein junger Mann von Ende Zwanzig aus Chikago, kam zwei Jahre nachdem er am Reiki-Seminar teilgenommen hatte, zu einem meiner Vorträge. Er erzählte dem Publikum von einer emotionalen Spontanheilung, die er während der vierten Energie-Aktivierung erlebt hatte. Er sagte, damals sei er zu schüchtern gewesen, mir davon zu erzählen, und außerdem wollte er sicher sein, daß es auch anhielt. Er hatte einen weißen Lichtblitz gesehen, hatte gleichzeitig Hitze und Kälte empfunden und sich plötzlich von der Wut, Beklemmung und Angst befreit gefühlt, die er jahrelang bewahrt hatte. Er wußte, daß er emotional geheilt war, und daß das auch die Befreiung von seiner extremen Zigarettensucht bedeutete. In den beiden darauffolgenden Jahren rauchte er nie wieder.

Ein Mann von Anfang Fünfzig beobachtete während einer Reiki-Aktivierung eine Spontanheilung seiner chronisch steifen Schulter. Er berichtete von einem weißen Lichtblitz, einer tiefen Wärme und dem Gefühl, daß seine Schulter in dem Moment wieder lebendig wurde.

Eine Frau, die mehrere Jahre lang unter chronischen Schmerzen und Steifheit im Nacken gelitten hatte, erlebte während der dritten Reiki-Aktivierung eine Spontanheilung. Sie berichtete der Gruppe, sie habe dabei erst ein tiefes

Purpurrot gesehen, dann weißes Licht, hatte starke Hitze verspürt und dann einen großen Frieden und das Gefühl, daß die negative Energie in ihrem Rücken weggehoben wurde.

Dies sind nur ein paar Beispiele für viele Spontanheilungen, die mit Reiki stattgefunden haben. Reiki wirkt wie ein Katalysator, der eine Art Quantensprünge, wie sie in der neuen Physik beschrieben werden, hervorruft. Bei einer Spontanheilung geschieht anstelle einer allmählichen Veränderung eine plötzliche Transformation, ein direkter Kontakt mit einer Energie höherer Ordnung. Die alten Muster und Grenzen werden durchbrochen, und man kommt in Berührung mit einer neuen Dimension.

15

Reiki: ein Geschenk — ein neuer Anfang

*»Hier ein Test, mit dem Du herausfinden kannst,
ob Deine Mission auf Erden beendet ist:
wenn Du lebst, ist sie noch nicht beendet.«*

Richard Bach

Die ganze Menschheit tritt in ein Neues Zeitalter ein, und
gleichzeitig bricht für viele von uns auch von innen her ein
›neues Zeitalter‹ an. Auf persönlicher Ebene bedeutet der
Eintritt in ein ›neues Zeitalter‹, daß wir heilen und ganz
werden, wachsen und uns verwandeln, und daß wir über unsere alten Begrenzungen, Vorurteile, negativen Gefühle und
Fluchtmechanismen hinausgehen. Es bedeutet, daß wir ein
Risiko eingehen, um unsere eigene Identität zu finden, und
daß wir anstelle eines nur oberflächlichen ein tiefinneres
Wohlbefinden bewahren, auch wenn es einmal hoch her-
geht und die Wellen des Lebens uns kräftig umherwerfen.
Durch die Übergänge in unserem Leben, in denen wir ler-
nen, uns mit dem Ozean zu identifizieren, anstatt mit den
Wellen oder mit dem Himmel, anstatt mit den ziehenden
Wolken, kommen wir in Berührung mit dem Wahren und

Ewigen in uns. Reiki ist ein Geschenk des Lebens, eine Kunst und Wissenschaft der Harmonisierung von Energien und des natürlichen Heilens, und es bringt uns im wesentlichen in Berührung mit unserem wahren Selbst.

Es gibt eine wunderbare jahrhundertealte Sufi-Geschichte, die geht so:

Es war einmal ein mächtiger König, der herrschte über viele Länder, und seine Macht war so groß, daß weise Männer seine Angestellten waren. Eines Tages war er so ratlos, daß er seine Weisen zusammenrief. Er sprach zu ihnen: »Ich weiß nicht warum, aber irgend etwas drängt mich, einen bestimmten Ring zu suchen. Dieser Ring wird mich dazu befähigen, meiner Verwirrung Herr zu werden. Ich muß diesen Ring haben, und es muß einer sein, der mich glücklich macht, wenn ich unglücklich bin, und gleichzeitig muß er mich traurig machen, wenn ich glücklich bin und ihn anschaue.« Die weisen Männer berieten untereinander und dachten tief über das Anliegen des Königs nach. Schließlich kamen sie zu einer Lösung, wie der Ring beschaffen sein müsse, der ihren König zufriedenstellen würde.

Der Ring, den sie entwarfen, trug die Inschrift:

AUCH DIES GEHT VORBEI

Das ganzheitliche Modell ist so beschaffen, daß es uns mit dem Ganzen in Berührung bringt — mit allem, was im Kosmos existiert, ohne auch nur ein Teilchen auszulassen. Ein ›Rezept für Ganzheit‹ beginnt damit, daß Du an diesem Punkt in Deinem Leben die Richtung beschließt, in die Du gehen willst, und es umfaßt Flexibilität und Anpassungsfähigkeit an den sich entfaltenden *Prozeß* dieses Lebens.

Hilfsmittel zur Transformation sind ein Teil Deines Weges. Reiki ist ein sehr starkes und doch auch sanftes und feines Mittel, das Dich mit Lebensenergie einer höheren

Schwingung, als Du sie normalerweise im täglichen Leben erfährst, in Verbindung bringt. Der die Reiki-Energie aktivierende Prozeß ist vollkommen ungefährlich und natürlich. Es wird Dir dabei keine Energie zugeführt oder aufgezwungen, sondern die Energie in Dir wird vielmehr auf natürliche Weise ausgerichtet. Mit Reiki wirst Du diese natürliche Lebensenergie auf Dein *ganzes* Sein anwenden und Dich damit gleichzeitig auf allen Ebenen der körperlichen, emotionalen, mentalen und geistigen ins Gleichgewicht bringen. Mit Reiki benutzt und vergrößerst Du Deine einzige wahre Kraft — die, die in Dir liegt.

Wenn Du die Reiki-Technik wie gelernt anwendest, baut sie die Lebenskraft wieder auf, die Du verbraucht hast und bringt Deine Energie auf natürliche Weise in einen Zustand der Ausgewogenheit. Wenn die Energien auf allen Ebenen Deines Seins harmonisch und ausgewogen zusammenspielen, fördert das Deinen Prozeß des Heilens und Ganzwerdens, Deine Entfaltung und Verwandlung und führt Dich am Ende zur Erleuchtung. Reiki ist ein ganz besonderes Geschenk, eine einzigartige Methode, dazu gedacht, Dich mit Deiner inneren Kraft in Berührung zu bringen und diese zu vergrößern.

Viele Menschen benutzen täglich eine Methode zur Aktivierung der inneren Kraft, und zwar die der ›Affirmationen‹ — die Macht des gesprochenen Wortes. Solche Affirmationen in Kombination mit der Licht-Energie von Reiki sind eine besonders wirkungsvolle und schnelle Hilfe, wenn Du bei äußerer Verwirrung wieder zur Ruhe kommen, zerstreute Energien wieder sammeln und Dich *bewußt* mit Deiner inneren Kraft verbinden willst.

Eine der einzigartigen Eigenschaften der Reiki-Technik ist, daß sie mit anderen Techniken, wie z. B. Affirmationen, kombiniert werden kann — man kann sie sogar anwenden und dabei etwas anderes tun. Ein wesentlicher Aspekt von

Reiki ist seine Natürlichkeit und Universalität. Einige der Kopfpositionen von Reiki zusammen mit Affirmationen wie »Ich bin heil, mir geht es gut, ich bin frei« oder »Ich weiß, und ich weiß, daß ich weiß« sammeln Dich, heilen Dich und bringen Dich der Ganzheit und Erleuchtung näher.

Wenn Du Dir selbst Reiki schenkst, gibst Du damit Deinem Körper Licht- und Lebensenergie – natürliche ›Nahrung‹ für einen natürlichen Organismus! Die Reiki-Technik ist ein direkter Weg, um alle Ebenen Deines Seins positiv zu beeinflussen und um echtes Wohlbefinden herzustellen und beizubehalten. Seit Jahrhunderten wird gesagt, Liebe ist das beste Mittel, um gesund und heil zu werden. Liebe ist eine Eigenschaft der Lebenskraft, und Reiki ist ein Geschenk der Liebe. Liebe ist nicht etwas, das wir erschaffen. Es ist unsere eigentliche, wahre Natur. Seit Jahrhunderten erinnern uns viele Weise daran, daß wir das Licht der Welt sind. Reiki ist ein Geschenk von Lichtenergie, das uns mit unserer inneren, natürlichen Vollkommenheit in Einklang bringt. Unsere Hände sind ein Geschenk, durch das wir diese kosmische Liebes- und Lichtenergie von Reiki lenken können. Wenn Du aus irgendwelchen Gründen Deine Hände nicht benutzen kannst, dann kann Reiki auch durch andere Teile Deines Körpers oder Deines Wesens geleitet werden.

In den Reiki-Seminaren spreche ich oft von Reiki als dem Geschenk des Universums oder dem Geschenk des Kosmos. Der Reiki-Faktor ist durch die Jahrhundertwende bewahrt und weitergegeben worden, um als eine Quelle von Licht-Energie wieder entdeckt zu werden, die uns nun allen bei unserem Übergang in ein Neues Zeitalter der Menschheit und ein Neues Zeitalter unserer Selbst zur Verfügung steht. In einem der Reiki-Seminare hatte eine Frau eine tiefe Einsicht, die sie mit uns teilte: »Wenn alle Menschen auf der Welt Reiki hätten, dann gäbe es keine Morde mehr – und keine Kriege.« Sie drückte damit das wirkliche Geschenk von Reiki aus — das Geschenk des Lebens und das Geschenk, die Lebenskraft in uns allen zu ehren.

Ich lade Dich dazu ein, am Reiki-Kurs teilzunehmen, Dir selbst das Geschenk von Reiki zu machen, Reiki zu erleben und es in Dein Leben zu integrieren, auf welche Weise auch immer das für Dich angemessen und passend ist. Ganz gleich, wie alt Du bist, wenn Du lebendig bist, kannst Du lernen, wachsen und Dich verändern. Das Geschenk von Reiki bringt Dich in Berührung mit der Lebenskraft und befreit Dich zu dem Bewußtsein, daß jeder Tag ein Neubeginn ist.

Anhang

Fragen und Antworten

Die hier aufgeführten Fragen sind einige von denen, die mir bei öffentlichen Vorträgen und in Reiki-Seminaren am häufigsten gestellt werden.

Was ist Reiki?

Reiki ist eine genau festgelegte Wissenschaft, durch die wir uns an natürliche Energie anschließen und diese verstärken können und um durch die Zufuhr von Lebensenergie zu allen Ebenen unseres Seins unsere natürlichen Energien ins Gleichgewicht zu bringen. Die Reiki-Technik dient dazu, Heilung, Ganzheit und Wohlbefinden zu fördern, uns bei guter Gesundheit zu erhalten und höheres Bewußtsein zu erlangen. Reiki ist eine einzigartige Selbsthilfe-Technik.

Was ist die American-International Reiki Association?

Die American Reiki Association wurde im Sommer 1980 gegründet und ist die erste Mitgliederorganisation für Reiki-Schüler. Die hauptsächlichen Ziele dieser Organisation sind: 1. durch das *Reiki-Journal* eine Gelegenheit zum Austausch von Erfahrungen mit Reiki zu geben; 2. Ideen und Konzepte von Heilung, Ganzheit, höherem Bewußtsein, Ernährung und anderen verwandten Themen mitzuteilen, die dazu angetan sind, das öffentliche Verständnis von Reiki zu fördern; 3. professionelle und ethische Maßstäbe für die Anwendung von Reiki festzusetzen und 4. für die Ausbildung von Reiki-Meister/Lehrern hohe Qualitätsanforderungen zu stellen und aufrechtzuerhalten, damit der Öffentlichkeit gute Reiki-Seminare sicher sind.

Anfang 1982 wurde der Name der Organisation in American-International Reiki Association verändert, um Reiki-Schüler aus anderen Ländern einzuschließen und um die planetarische Reichweite von Reiki zum Ausdruck zu bringen. Die American-International Reiki Association ist ein gemeinnütziger Verein. Weitere Informationen bekommst Du durch die
American-International Reiki Association, Inc.
P.O.B. 86038, St. Petersburg, FL 33738, USA

Was ist der Ursprung von Reiki?

In der Moderne wurde diese alte Technik Ende des 19. Jahrhunderts in Japan von Dr. Mikao Usui wiederentdeckt. Dr. Usui nannte diese Selbsthilfe-Technik »Reiki«, das heißt »universelle Lebenskraft-Energie«. Die Technik läßt sich über viele Jahrtausende ins alte Indien und nach Tibet zurückverfolgen.

Wer kann Reiki lernen?

Praktisch jeder. Ich habe Menschen zwischen fünf und dreiundneunzig Jahren in Reiki unterwiesen — Menschen mit guter Gesundheit, die Reiki dazu benutzen wollten, Streß abzubauen, zu entspannen und Krankheiten vorzubeugen und Menschen mit allen möglichen Gesundheitszuständen, bis hin zu unheilbar Kranken, die Reiki zur Entspannung, zur Verringerung ihrer Schmerzen und zur Erlangung eines höheren Bewußtseins brauchten. Wenn ein Mensch aus irgendeinem Grunde Reiki nicht lernen kann, dann können leicht Verwandte, Freunde und Therapeuten lernen, ihn mit Reiki zu behandeln. Auch Kinder können leicht Reiki lernen und können so ihre Eltern oder Verwandte, die Hilfe brauchen, behandeln. Reiki bietet Familien und Freunden eine wunderbare Gelegenheit, auf angenehme, entspannende, nicht fordernde, unaufdringliche, friedliche, fürsorgliche und liebevolle Weise miteinander umzugehen.

Kann Reiki meinen persönlichen Glauben beeinträchtigen?

Nein. Reiki ist keine Religion und kein irgendwie gearteter Kult. Es ist eine harmlose und sanfte Methode, natürliche Lebenskraft-Energie in unserem Innern zu aktivieren und diese unseren persönlichen Bedürfnissen entsprechend anzuwenden.

Ist Reiki eine Art Geistheilen?

Nein. Reiki ist eine Methode, natürliche Lebenskraft-Energie zu aktivieren und sie auf bestimmte Weise anzuwenden. Reiki strömt durch uns und verstärkt jedes natürliche oder unentwickelte Talent, das wir vielleicht in uns tragen. Mehrere bekannte Geistheiler haben Reiki bei mir gelernt und fanden, daß ihre übersinnlichen Kräfte dadurch wunderbar verstärkt wurden.

Muß ich an Reiki glauben?

Nein. Reiki ist kein Glaubenssystem, kein Dogma und keine Lehre.

Brauche ich irgendwelches spezielle Wissen, um an einem Reiki-Kurs teilnehmen zu können?

Nein. Offenheit und die Bereitschaft, etwas Neues zu lernen und zu wachsen, ist jedoch hilfreich! In dem Reiki-Seminar wirst Du gründlich in der Reiki-Technik unterrichtet. Die vom Offiziellen Reiki-Programm angebotenen Kurse umfassen außerdem Informationen über einen ganzheitlichen Ansatz zur Gesundheit und Lebensführung, über lebendige Ganzheit, natürliches Heilen und Energieharmonisierung. Nach Beendigung des Seminars bist Du in der Lage, Reiki, wenn Du möchtest, auf Dich selber, Deine Familie und Freunde anzuwenden.

Wirkt Reiki störend auf Medikamente, die ich einnehme, oder auf andere medizinische Behandlungen?

Nein. Die Reiki-Technik läßt sich leicht und vor allem mit gutem Erfolg mit medizinischen Behandlungen kombinieren und ist darüber hinaus vor und auch nach chirurgischen Eingriffen sehr hilfreich. Viele Ärzte haben an Reiki-Kursen teilgenommen und stimmen mit ihrer Ansicht darin überein, daß Reiki den natürlichen Heilungsprozeß fördert. Reiki läßt sich außerdem sehr gut mit Körperübungen, Diätanwendungen und anderen Techniken und Heilmitteln kombinieren.

Ist Reiki eine okkulte Praktik?

Das Wort ›okkult‹ hat unglücklicherweise in unserer Kultur einen gewissen negativen Beigeschmack von engen Vorurteilen bekommen. ›Okkult‹ bedeutet eigentlich ›etwas, das der Sicht verborgen ist‹. Die Reiki-Technik ist im Laufe ihrer Geschichte manchmal verborgen und nur wenigen Auserwählten zugänglich gemacht worden, der Elite oder der Aristokratie. Reiki ist jetzt jedermann, der es lernen will, zugänglich.

Wie oft muß ich die Reiki-Technik anwenden?

Um den größtmöglichen Nutzen von Reiki zu haben, muß man diese Technik täglich oder doch zumindest mehrmals in der Woche anwenden. Im Reiki-Seminar erhältst Du genauere Anweisungen über den Gebrauch der Reiki-Technik und ihre Anwendung entsprechend Deinen individuellen Bedürfnissen.

Wenn ich Reiki nach dem Kurs nicht anwende, muß ich den Kurs dann wiederholen?

Nein. Wenn du die Reiki-aktivierende Energieübertragung und die Anweisungen zur Anwendung der Technik einmal bekommen hast, dann gehen sie Dir nicht mehr verloren. Die Energie wird nicht weniger, sondern verstärkt sich mit jedem Gebrauch. Ich habe oft Briefe von Menschen bekommen, die bis zu zwei Jahre nach Beendigung des Kurses die Reiki-Technik nicht benutzt haben. Sie konnten es sozusagen ›da wieder aufnehmen, wo sie es verlassen hatten‹ und Jahre später von Reiki profitieren.

Ist es möglich, keinen Nutzen von Reiki zu haben?

Ja, wenn Du die Reiki-Technik *nicht,* wie es im Seminar gelehrt wird, regelmäßig *anwendest.* Die Menschen suchen allzuoft eine schnelle Lösung für Schwierigkeiten und Krankheiten, die sich auch über Jahre hinweg aufgebaut haben. Reiki ist kein ›Trick‹, sondern eine wirksame, präzise Methode, um natürliche Lebenskraft zu verstärken, zu lenken und anzuwenden — man muß sie jedoch benutzen, um ihre Wohltaten zu erfahren! Reiki hilft Dir, negative Gewohnheiten und Verhaltensmuster zu durchbrechen und in positive, selbst-erneuernde zu verwandeln.

Ist Reiki eine wirksame Hilfe bei Suchtverhalten wie Rauchen, Alkoholismus und zwanghaftem Essen?

Ja. Die Reiki-Technik hilft, blockierte Energie im physischen, emotionalen und mentalen Körper zu befreien und löst das Leid, das solchen Süchten meist zugrunde liegt, auf. Die Reiki-Technik kann außerdem *überall* leicht ein paar Minuten lang angewandt werden, anstelle einer Zigarette, eines alkoholischen Getränks oder übermäßigen Essens. Mit Reiki hast Du einen direkten, leichten und sicheren Weg, eine Gewohnheit aufzubauen, die Deinem Wohlbefinden dient. Es ist jedoch kein Ersatz für körperliche Betätigung und lebendige, natürliche Nahrung.

Wie kann Reiki mir als Künstler(in) zugute kommen?

Reiki ist kosmische, universelle Lebenskraft, Licht-Energie, ist das Wesen des Lebens selbst. Reiki ist für jeden Menschen eine besondere Erfahrung, und es wird alle Deine Talente, was auch immer diese sein mögen, und wie auch immer Du sie kreativ ausdrücken möchtest, verstärken.

Muß ich andere Menschen mit Reiki behandeln?

Nein. Im Reiki-Seminar lernst Du zuerst, wie Du Deine eigenen Energien ins Gleichgewicht bringen und Dich selber heilen kannst. Dann lernst Du auch, anderen eine Reiki-Behandlung zu geben, wenn Freunde oder Familienmitglieder das brauchen.

Anhang B

Autobiographie der Verfasserin

Es geschieht oft, daß wir auf unserem Lebensweg plötzlich erwachen und beginnen, uns selbst als einen ganzen, sich entfaltenden Prozeß wahrzunehmen. Wir machen Zyklen durch, durchleben unzählige Ereignisse, Situationen und Beziehungen und wiederholen sogar dieselben Muster, bis etwas geschieht, das uns verändert, uns über die Begrenzungen unserer Vergangenheit hinaushebt.

Unsere individuelle Lebenswege unterscheiden sich im äußeren Zusammenhang und in den Einzelheiten. Wir haben verschiedene Namen, verschiedene Hautfarben, verschiedene Freunde, leben in verschiedenen Ländern, sprechen verschiedene Sprachen und drücken uns auf unterschiedliche Weisen aus. Und doch sind wir in unserem innersten Wesen, durch die Energie der Lebenskraft, miteinander verbunden, sind eins. Von innen betrachtet stammen wir alle aus derselben Quelle, und in unseren Herzen haben wir einen Punkt von Liebe und letztendlich Licht gemeinsam, in dem wir eins sind.

Wenn ich früher über mein Leben nachdachte, dann sah ich Anfänge und Enden. Allmählich begann ich jedoch, mein Leben als einen Entfaltungsprozeß zu sehen, ein spiralförmiges Kontinuum ohne Anfang und Ende. Meine Sichtweise erweiterte sich, und nun sah ich Ereignisse, Situationen und Beziehungen nicht mehr als isoliert und voneinander unabhängig, sondern als miteinander verbunden und als Teile eines größeren Ganzen. Im Nachhinein fand ich, daß ich oft Ereignisse fehlinterpretiert hatte, und daß als negativ beurteilte Dinge sich hinterher oft als positiv herausstellten – es kommt nur auf die Perspektive an!

Wo begann meine Reise zu Reiki? Ich möchte einige der Höhepunkte erzählen, werde jedoch keine Interpretation versuchen. Ich habe schon lange gelernt, daß Interpretationen einen davon abhalten, zu erleben, ›was ist‹. Manchmal erschienen mir die Windungen, die Kurven und Schleifen in meinem Lebensweg als unzusammenhängend, seltsam sogar. Das kennst Du sicher! Als ich in der High School war, hatte ich schon alles geplant. Ich würde aufs College gehen, Latein als Hauptfach studieren, bis zur Pensionierung an der High School Latein unterrichten, heiraten, eine Familie haben, reisen, alt werden und sterben. Du lächelst vielleicht, oder lachst Du? Einiges von diesem Szenarium geschah auch wirklich.

Vom ersten Tag meines Lateinunterrichts an wußte ich, daß ich Lateinlehrerin werden würde. Ich werde das nie vergessen – es beeindruckte mich mehr, als mir damals bewußt wurde. Als ich das Lateinbuch aufmachte, war es, als ob plötzlich verschlossene Türen in meinem Gedächtnistrakt weit aufgingen. Ich kannte diese Sprache! Ich konnte sie lesen, ohne zu wissen wie. Innerlich empfand ich eine Mischung aus Staunen, Aufregung, Verwirrung und Angst. Nach außen hin tat ich, was alle anderen auch machten: hörte zu und lernte.

Ich studierte vier Jahre lang Latein an der High School. Jeder Schritt öffnete neue Kanäle in meinem Gedächtnis. Ich machte Überstunden, las Text um Text und studierte auch römische Geschichte. Ich gewann ein Stipendium und studierte dann an der Florida State University, in Talahassee, Florida, Latein. Ich wurde zur Teilnahme an einem besonderen Ehrenprogramm auserwählt und erhielt innerhalb von fünf Jahren die Titel Bachelor of Arts (B. A.) und Master of Arts (M. A.; entspricht in etwa unserem ›Magister‹, Anm. d. Übers.), in den Hauptfächern Latein, Griechisch und alte Zivilisationen und Geschichte als Nebenfach. Ich wurde in meinem Juniorjahr zum Phi Beta Kappa (akad. Ehrentitel in den USA, Anm. d. Übers.) gewählt. Während den Abschlußarbeiten zum Master of Arts lernte ich einen Kommilitonen kennen, und wir heirateten.

Ich bekam eine Anstellung als Lehrerin an der international bekannten High School von Melbourne in Florida, die eine der besten Hochschulen der USA ist. Eigentlich sollte ich Latein unterrichten, aber stattdessen verbrachte ich das erste Semester damit, Englische Literatur und Geisteswissenschaften zu lehren. Das war eine der Wendungen, von denen ich sprach. Ende der 60er Jahre kehrte ich nach Florida zurück, um meine Doktorarbeit zu schreiben. Ich hatte eine Assistentenstelle bekommen und sollte Latein unterrichten. Dann kam wieder so eine Wendung: in letzter Minute wurde bestimmt, daß ich den Mythologie-Kurs halten sollte. Ich wehrte mich, aber ohne Erfolg. Du wirst vielleicht denken, daß ich inzwischen begriffen haben mußte, daß das ›Leben ein Entfaltungsprozeß‹ ist — aber nein, es war mir noch nicht klar!

Dann geschah etwas sehr Verblüffendes. In den drei Jahren, in denen ich Mythologie unterrichtete, veränderte sich mein Leben von Grund auf. Die Untersuchungen, die ich als Vorbereitung für meinen Unterricht anstellte, öffneten mir die Tür zu einer neuen Dimension. Ich entdeckte, daß die alten ›Mythen‹ voller lebendiger Informationen steckten und daß die eigentlichen *Schlüssel* zur Bedeutung und zum Geheimnis des Lebens darin enthalten waren. Freud führte zu Jung, und Jung führte dazu, daß ich vergleichende Mythologie studierte und Joseph Campbell und endlose Bücher

182

und Artikel las, die mir alle dieselben inneren Botschaften über diese alten Mythen enthüllten, die sich nur in der äußeren Form von Namen und Orten unterschieden. Immer und immer wieder erschien das Wissen vom Leben, das Wesen des Seins und die Schlüssel zu den ›inneren Geheimnissen‹ unter äußeren Verkleidungen und den Eskapaden lokaler Gottheiten versteckt. Wenn man sich auf das Äußere konzentrierte, entging einem der Schlüssel zu dem Schatz im Inneren. Es war nicht ungewöhnlich, über die Jahrhunderte hinweg Veränderungen und Modifizierungen in der äußeren Form dieser Mythen zu finden — im Inneren war die eigentliche Wahrheit jedoch unverändert überliefert. Ich entdeckte, daß diese Mythen uns direkt von *innen* mit unserer Quelle verbinden, daß sie das Wissen um unsere Verbindung mit dem Kosmos enthalten und uns die Tür der Initiation zu höherem Bewußtsein öffnen. Ohne diese lebenswichtige Information, ohne dieses Wissen darum, wer wir sind und was unser eigentlicher Kern ist, verlieren wir uns im Irrgarten der Ereignisse, in einem scheinbar sinnlosen und unnützen Leben. Wenn wir die bewußte Verbindung mit unserer Quelle verlieren, dann sind wir im Dunkeln und bekommen Angst.

Mein eigener Unterricht umfaßte klassische Philologie, alte Zivilisationen des Nahen Ostens, Renaissancegeschichte, Kunstgeschichte, zeitgenössische Kunst und eine Vielzahl geisteswissenschaftlicher Kurse, in denen wir intellektuelle, kulturelle und wissenschaftliche Entwicklungen des Menschen bis in die Neuzeit hinein verfolgten. Im März 1970 erhielt ich einen interdisziplinären Doktortitel in klassischer Philologie. Bis 1976 setzte ich meine Unterrichtslaufbahn am College fort.

Ich hatte ein tiefgreifendes und ausgedehntes Wissen über die Entwicklung der Menschheit von den alten Zeiten bis zur Gegenwart erworben. Von 1959 bis 1970 hatte ich ständig mit Informationen über unsere Vergangenheit auf diesem Planeten zu tun. Ich konnte unmöglich einen ganzen Wissensbereich ignorieren, der sich mit den sogenannten Mysterien-Schulen und zeitlosen Weisheiten befaßt, die so lange in Ägypten, Griechenland, Rom und den Zivilisationen des Nahen Ostens vorherrschend waren. Ich hatte auch ein akademisches Interesse an den alten Heilkünsten entwickelt, das ich über all diese Jahre hinweg weiterverfolgte.

1972 bekam ich ein Fullbright-Stipendium, um in Rom, Florenz und Venedig Renaissance- und Barockkunst zu studieren. Der Aufenthalt in Italien war ein tiefes Erlebnis für mich, das mich sehr verwandelte. All die Jahrhunderte vermischten sich dort zu einem unglaublich lebhaften Tanz modernen Lebens. Ich konnte dort auch meine eigenen Studien des in den Mythen, in Religionen und visuellen symbolischen Formen überlieferten inneren Wissens und der alten Heilkünste weiterverfolgen.

Nach meiner Rückkehr aus Italien begann ich mit ausgedehnten Forschungen in verschiedenen Formen von Energiesystemen und Heilkünsten. Ich befaßte mich mit humanistischer und transpersonaler Psychotherapie und nahm auch an einem Astrologiekurs an der Emory-Universität teil. Ich lernte und unterrichtete Meditation, Parapsychologie und viele verschiedene Heilkünste und Wissenschaften, u. a. auch die tibetanische Kunst des Mandalas. Ich interessierte mich ganz besonders für die ganzheitlichen Dimensionen von Heilung, Gesundheit und Bewußtsein und für den Anbruch dieses neuen Zeitalters der Menschheit — des Wassermann-Zeitalters.

1976 verlagerte ich meine gesamte Aufmerksamkeit auf Vorträge, private Beratung und Arbeit im Bereich ganzheitlicher Gesundheit und Ganzheit und auf Techniken zur Erlangung höheren Bewußtseins. Außerdem forschte ich weiter nach Methoden, mit deren Hilfe man sich zum Heilen

184

und zum Harmonisieren der Energien mit universeller Lebensenergie in Verbindung setzen kann — durch meine formalen Studien der Antike wußte ich von solchen Möglichkeiten.

1978 nahm ich am Reiki-Grundkurs teil. Durch meine speziellen akademischen Studien konnte ich mühelos erkennen, daß Reiki eine alte Technik zum Anschluß an universelle Energie war, die zur Harmonisierung, zum Heilen, Ganzwerden und zur Erleuchtung benutzt werden kann. Die Ursprünge dieser Technik liegen im alten Tibet und sind vielleicht über achttausend Jahre alt. Dieses Wissen gelangte dann mit der Zeit nach Indien, China und Japan und auch nach Ägypten, Griechenland und Rom. Mehr über dieses Thema steht in Kapitel 8, ›Die Ursprünge von Reiki‹.

In den vier Jahren, bevor ich Reiki entdeckte, hatte ich durch meine Arbeit als Heilerin Erfahrungen mit einer Reihe von ganzheitlichen Techniken erworben. Ich erkannte in Reiki das Teil, das den anderen Techniken fehlte: die Möglichkeit, sich willentlich und unabhängig von einem bestimmten Bewußtseinszustand mit einer höheren Form von Energie zu verbinden, mit *Ki*, der universellen Energie der Lebenskraft. Ich war nie zuvor einer natürlichen Methode begegnet, die so vollständig und wirksam wie Reiki heilen und die Energien ins Gleichgewicht bringen konnte. Außerdem hilft Reiki, Gesundheit und Gleichgewicht beizubehalten und führt zu höherem Bewußtsein, geistigem Wachstum und schließlich zur Erleuchtung.

Ich setzte meine Reiki-Studien fort und wurde schließlich Reiki-Meisterin. Nun, da ich eine so bemerkenswerte Technik, die in verschiedenen Formen über Jahrhunderte hinweg in die Neuzeit überliefert worden war, gefunden hatte, wollte ich sie auch anderen beibringen können. Während der letzten beiden Jahre ihres Lebens lehrte Hawayo Takata mich das vollständige Reiki-System und unterwies mich sorgfältig in den fortgeschrittenen Graden von Reiki. Das, was ich lernte, gab mir zusätzliche Sicherheit über Reiki und seine Ursprünge in alter Zeit.

1979 eröffnete ich das Reiki-Zentrum in Atlanta, Georgia, und begann, Aufzeichnungen über meine Heilungsarbeit mit Reiki zu machen. Ich arbeitete lange Stunden als Reiki-Therapeutin und erwarb mir so ausgedehnte Erfahrungen und das notwendige praktische Wissen von Reiki als einer Kunst und Wissenschaft, auf natürliche Weise die Energien in einen ausgewogenen Zustand zu bringen. Ich gelangte auch zu tiefen Einsichten und einer Empfindsamkeit für den ganzen Prozeß des Heilens, Ganzwerdens und der persönlichen Transformation, und das ist noch immer so. Solches Wissen kann nur aus vielen direkten Erfahrungen in der Arbeit mit mir selber und mit vielen anderen kommen. In diesem Buch hast Du, der Leser, den kombinierten Nutzen sowohl meines akademischen Fachwissens darüber, was Reiki ist, als auch meiner Erfahrung und der Einsichten, die ich aus der langjährigen Praxis als Reiki-Therapeutin gewonnen habe.

Im Sommer 1980 wurde die American Reiki Association gegründet. Einige ihrer Ziele sind, voll qualifizierte und geprüfte Reiki-Meister/Lehrer auszubilden, ein nationales Forum für die Menschen zu sein, die Reiki gelernt haben, und Informationen über Reiki an einzelne und an andere Organisationen weiterzugeben.

Im Endeffekt ist Reiki jedoch nicht Worte, es ist keine Diskussion oder Debatte, kein Dogma und keine Doktrin, keine Religion, kein Kult und kein Glaubenssystem, sondern eine direkte, sinnvolle und persönliche Erfahrung mit der Licht-Energie universellen Lebens. Die Informationen, die ich in diesem Buch weitergegeben habe, sind für viele verschiedene Menschen bestimmt. Wenn einige der Kapitel oder Themen Dich nicht interessieren, bedenke, daß die

Worte bestenfalls nur den Prozeß beschreiben können, und daß Reiki letztendlich eine *Erfahrung* ist. Wie Einstein sagte: »Alles Wissen über die Realität beginnt und endet mit der Erfahrung.«

Es ist eine große Ehre für mich, andere in der einzigartigen und tiefgreifenden Technik von Reiki unterrichten zu können, und mit so vielen Menschen als Reiki-Therapeutin zu arbeiten, mit dem Ziel, daß wir alle erlangen mögen, was von Geburt an unser göttliches Recht ist: Wohlbefinden, Vollkommenheit und Erleuchtung. Im Endeffekt ist Reiki ein tiefes und persönliches Erlebnis mit der Licht-Energie universellen Lebens.

Anhang C

Erfahrungsberichte

Als dieses Buch ursprünglich geschrieben wurde, hatten die meisten Praktizierenden entweder den Ersten oder den Zweiten Grad. In den Jahren danach absolvierten immer mehr den Dritten, Vierten und Fünften Grad, und viele wenden Die Radiance Technik® nun schon seit mehreren Jahren an. Einige ihrer Berichte werden Ihnen jetzt in dieser erweiterten Ausgabe zugänglich gemacht. Was diesen Abschnitt so auszeichnet, ist, daß alle folgenden Berichte nicht redigiert wurden und von denjenigen geschrieben sind, die aktiv mit der Radiance Technik® arbeiten.

Lola Hayes

Fünfter Grad
Gesangslehrerin
Meister/Lehrer der Radiance Technik® ehrenhalber

Frau Lola Hayes bekam den Fünften Grad, als sie 81 Jahre alt war. Sie ist Stimm- und Gesangslehrerin und bildet seit mehr als vierzig Jahren Konzert- und Musicalsänger aus.

Schon seit ganz langer Zeit war ich, wie unzählige andere, auf einer Reise zum Licht und der Verwirklichung meiner wahren Identität. Dann, im November 1983, schien ein klares, vibrierendes Licht strahlend auf meinen Weg in der Person von Dr. Barbara Ray, die mich in Das Wahre Reiki® einführte, das jetzt auch als Die Radiance Technik® bekannt ist. Sie begann, mich entgegen des Uhrzeigersinns auf meinem Weg hinaufzuspiralen, während sie ihre Fackel aus Licht hochhielt und mir liebevoll winkte, ihr zu folgen.

Wie voller Freude und Dankbarkeit bin ich, daß sie zu jener Zeit mit dieser bemerkenswerten Technik in meinen Erfahrungsbereich kam, und daß ich, das erste Mal in meinem Leben, nicht innehielt, um zu rationalisieren, sondern ihre ausgestreckte Hand ergriff und so schnell es ging hinterherlief.

Von da an begann meine ›Reise des Erwachens‹ — und was für eine lichtvolle es wurde! Während der Einstimmung meines Ersten Grades wurde ich zu einer anderen Bewußtseinsebene erweckt, die ich für kurze, vorübergehende Augenblicke in meinem Leben erfahren habe. Im Verlauf jenes Abends wurde mir bewußt, daß ich, indem ich weiter Fortschritte in dieser Technik machen würde, ein Werkzeug habe, mit dem ich in dieses Bewußtsein eindringen und es vertiefen könnte. Ich habe seitdem gelernt, daß ich diese innere Licht-Energie nach draußen in meine momentanen Aktivitäten der äußeren Ebene bringen kann. Indem ich von Dr. Ray mit dem Zweiten, Dritten, Vierten und jetzt auch mit dem Fünften Grad geehrt wurde, habe ich mit immer größerem Vertrauen gelernt, wie ich zu diesem Strahlenden Bewußtsein Zugang bekommen und es ausweiten kann, ›Das Licht in Dir, mit einer lebendigen Dynamik für alle Tage‹ — . Ich habe meinen erweiterten Gebrauch der Radiance Technik® in meine Lebensarbeit integriert: der Führung von Sängern aller Altersstufen bei der Entwicklung ihrer stimmlichen Gaben. Der Sänger, der sich die Handhabung einer Technik aneignet, ist auch auf einer ›Reise des Erwachens‹, indem er nach dem sucht, was schon da ist, und nur darauf wartet, entdeckt zu werden: ein auf der Stelle stattfindender Vorgang. Ich glaube, daß die vollkommene und stille Verständigung des künstlerischen Sängers mit seinem Publikum auf den ›Inneren Ebenen‹ stattfindet.

›Shanti!‹ meiner Radiance-Familie für ihre wahre, ursprüngliche, bedingungslose Liebe und Unterstützung. Sie müßten dies erfahren haben, um es zu glauben, in dieser Alltagswelt, in der wir scheinbar leben.

Tiefe, tiefe, tiefe Shantis an Dr. Barbara Ray — eine Führungspersönlichkeit von solch außergewöhnlicher Klarheit, eine wahre Meisterin, mit einer alles-umfassenden Kapazität, alle Kreaturen Gottes und seiner ganzen Schöpfung bedingungslos zu lieben. Sie läßt auf solche großzügige Weise alle, die ihr zuhören wollen, an ihrer profunden Bewußtheit und tiefem Wissen um das Wahre Licht teilhaben — nicht seine Widerspiegelungen —, und gibt uns vollständige Anleitungen für dieses besondere Werkzeug, der Radiance Technik®. Ich schätze den Vorzug sie zu kennen und mit ihr zu lernen. Sie öffnet ständig Türen und führt mich in die Innere Welt meines Wahren Wesens ein, in der ich mich sanft entfalte. Dies ist meine Reise des Erwachens, die nie zuende ist.

Barbara Aurora

Fünfter Grad
Lehrerin, Sängerin

Als darstellende Künstlerin und Gesangslehrerin habe ich die authentische Erfahrung der Verbesserungen, die Die Radiance Technik® für meine Fähigkeiten als Künstlerin und Lehrerin auf allen Ebenen gebracht hat. Durch die Anwendung der Direktbehandlung und den Gebrauch kosmischer

Symbole und ihren Prozeß habe ich eine reichhaltige und ergreifende Veränderung in der Brillanz der Stimme erfahren, und zwar nicht nur, was die Qualität betrifft, sondern auch im Hinblick auf die Erweiterung der Stimmbreite, der Leichtigkeit und Flexibilität in der Wiedergabe des Klangs.

Was ich dabei für mich erfahren habe, trifft auch für die zu, die ich unterrichte. Indem ich Energieprinzipien, die durch Die Radiance Technik® entdeckt wurden, benutze, wie auch den Prozeß der Einstimmungen bei meinen Klienten, haben auch sie mühelos eine Ausweitung und Entfaltung in Richtung eines ganzheitlichen, strahlenden Klangs erfahren.

Die Radiance Technik® hilft Streß loszulassen. Wenn Spannung einmal losgelassen wurde, steht es dem Sänger frei, sein ›natürliches‹ Instrument zu benutzen, und die Technik unterstützt ihn in seinem sich entfaltenden Prozeß, Lichtenergie durch sein Kehlkopfzentrum hinauszuschikken, zu schaffen und auszustrahlen mit einer erweiterten Kapazität der Unterstützung durch seinen Körper.

Als ich anfing, Die Radiance Technik® in meinen Alltag einzusetzen, begann sich ein wunderbarer Prozeß zu entfalten. Ich fand heraus, daß das, was einmal streßreiche und lähmende Situationen für mich waren, für mich viel leichter wurde. Ich begann Gelassenheit und innere Zusammenhänge zu fühlen, indem ich die Dinge von einer größeren Perspektive her betrachtete und mich auf klarere Weise ausdrückte. Ich fing an, das Bewußtsein meines Selbst, meiner Gefühle, der Gedanken und meines äußeren Körpers deutlich wahrzunehmen, es als ein Mittel zu wissen, mit dem ich in Verbindung stand zu anderen und mir selbst. Ich begann Dinge zu sehen wie sie wirklich sind!

Ich erfahre ein tiefes inneres Wissen über eine große Liebe und Mitgefühl für die ganze Menschheit und alles, was sich auf diesem wundervollen Planeten manifestiert hat. Das Leben ist immer mehr ein Tanz und nicht einfach die unaufhörliche Episodenreihung von einer Situation zur nächsten. Ich erkenne immer mehr die *größere* Quelle dessen, der ich wirklich bin. Es hat sich für mich eine neue spirituelle Dimension eröffnet und ich verstehe immer tiefer die Energieprinzipien, die meine ›wahre‹ Natur darstellen. Die Radiance Technik® fördert von innen heraus die Qualitäten von Liebe, Ganzheit, Integrität und Selbstverwirklichung. Sie stellt eine harmonische Resonanz auf allen Ebenen unseres Seins dar. Was könnte ich meinen Schülern mehr bieten... und was könnte ich selbst mehr Gutes tun? Ja, das Leben *ist* eine Feier.

Shannon Orrock

Dritter Grad für Persönliches
Wachstum (3 A)
Unterhalterin, Komödiantin

Als Unterhaltungskünstlerin habe ich viele Gelegenheiten, alle drei Ebenen anzuwenden, die ich bisher erlernt habe. Bei jedem Publikum setze ich die Möglichkeiten des Zweiten und Dritten Grades ein. Während ich auftrete, lege ich ab und zu eine Hand auf mein Herz oder den Hals — besonders, wenn ich einen bestimmten Punkt gut rüberbringen will.

Während ich die Techniken, die ich im Zweiten und Dritten Grad gelernt habe, anwende, kann ich Energie zum ganzen Publikum ausrichten, zum Raum, zu mir und der ganzen Situation.

Ich kann durch mein Halszentrum Einstimmungen ausrichten, während ich spreche oder singe. Das letztere ist sehr wichtig für mich — um alles, was ich sage, harmlos zu machen, da vieles in einer Komödie Ärger ist, der nach innen gerichtet wurde, und das Potential hat, zu verletzen.

Marvelle Carter

Fünfter Grad
Beraterin, Transpersonale Psychologie

Ich möchte hauptsächlich davon berichten, wie die Anwendung der Direktbehandlung sich für mich durch den eigenen täglichen Prozeß mit der Radiance Technik® erweitert hat. Als ich die Technik 1979 zuerst lernte, hatte ich eine sehr begrenzte Kenntnis und Beziehung zu dem Energiesystem, das ich tatsächlich bin.

Trotz meiner vorhergehenden Ausbildung in anderen Techniken, darunter verschiedenen Yoga-Disziplinen, hatten sie mir nur das gegeben, was ich schließlich als exzellente einführende Information über die Chakren oder Zentren unserer menschlichen Lebensdynamik bezeichnen würde. Nichts hatte mich in der Weise weitergebildet, wie meine eigenen strahlenden Hände seit dem Augenblick, als ich den Ersten Grad der Radiance Technik® erlernte. Meine Erfahrungen haben sich jedes Mal während der Anwendung der Ganzbehandlung oder meinem täglichen Gebrauch der Direktbehandlung vertieft! Ich berate Menschen und meine Hände liegen während der ganzen Sitzung auf meinem Energiesystem, und ich lade *mich* dabei wieder auf, auf verschiedenen Ebenen von Energien, um sie zu unterstützen.

Jeder Grad dieser Technik ist eine Vertiefung meines Bewußtseins gewesen; während meine eigene Kapazität, eben diese Energie auszuweiten, sich vergrößert hat. Ich habe voller Freude die Unterschiede im Hinblick auf Energiekapazität in mir kennengelernt und erfahren − während des Zweiten, Dritten, Vierten und Fünften Grades −. Welch eine Reise, um mich selbst kennenzulernen als ein Energiewesen, eine schwingende und universale Wesenheit.

Ich kenne etwas über meine eigenen Chakren, das mir kein Buch beschreiben kann. Wenn ich strahlende Energie anwende, habe ich ein inneres Gewahrsein von einem Gefühl von Wohlbefinden und Entspannung, das so zentriert und ganzheitlich ist, daß es über allem steht, was ich je zuvor erfahren habe. Wenn ich anfange, die kosmischen Symbole − Tore zu Energien − jenseits von Form − in Verbindung mit meiner Direktbehandlung zu zeichnen, vertiefe ich einen Prozeß, in dessen Verlauf eine Ansammlung von Energie aufgehellt und in Bewegung gebracht wird. Ich werde dabei von einer sanften und strahlenden Liebenswürdigkeit erfüllt, die nicht mehr in meine emotionale oder mentale Ebene zu übersetzen ist. Welch glänzende Wirklichkeit! Ich mache eine *wirkliche* Erfahrung einer anderen Schwingung als jene, die noch vor Sekunden herrschte. Und ich weiß, daß ich in Übereinstimmung mit einer Vibration von kollektiver Ganzheitlichkeit bin, die schon immer existiert hat.

Ich begann eine Reise mit meinen strahlenden Händen, mit meiner inneren Verbindung zu kosmischen Symbolen und dem Einstimmungsprozeß, wo ich mich in das Gewahrsein von Ewigkeitsbewußtsein hineinbewege. Diese Augenblicke treten in mir auf und sie vertiefen sich, während ich Die Radiance Technik® anwende.

Sie sind Tore zum Licht, die dazu einladen, mehr als Augenblickserlebnisse zu sein.

Ich erlebte vor kurzem ein belebendes, bedeutungsvolles Erwachen des Kehlkopfzentrums. Ich nutze Die Radiance Technik®, um die äußere Stimme und ihre Manifestation in der äußeren Welt zu erforschen, und ich erweitere mein Wissen darüber, wie unschädlich oder verletzend es sein kann, Worte durch die Stimmen in unserer Kommmunikation miteinander zu teilen. Indem ich den Einstimmungsprozeß und den Vierten Grad anwende, habe ich mehr über das Öffnen des Herzzentrums durch das Sprechen mit einem Gewahrsein von Harmlosigkeit erfahren. Ich erkenne, daß der Mißbrauch von Worten — die tatsächlich Energie sind — unbeobachtet ablaufen kann, wenn das Bewußtsein des Herzzentrums nicht gegenwärtig ist. Während ich mit dem Fünften Grad meditierte und mit dem Kehlkopfzentrum Einstimmungen gab, wurde ich mir bewußt, daß die Worte einerseits wie Buchstaben, die im Zorn oder in eiliger Verstimmung geschrieben wurden, die volle Kraft und den Mißbrauch des Kehlkopfzentrums in sich tragen — auf die entsprechende Seite und zu der Person, die mit dieser Papierseite arbeitet und mit solchen scheinbar harmlosen ›Worten‹! Welch eine kraftvolle Energie des Kehlkopfzentrums sind Worte, die aufs Papier gebracht wurden, um sie anderen mitzuteilen. Ich setze meine Einstimmungen und meine Meditation fort und machte eine Reise zu den inneren Dimensionen meines Selbst, um eine noch tiefere Entdeckung zu machen. Alle Weisheit des ›wahren Lichts‹ ist zu verschiedenen Zeiten ›in Druck gegangen‹. Ich meditierte besonders über die große Papyrus-Bibliothek in Alexandria in Ägypten. Welch eine Vereinigung der großen Wahrheit muß das gewesen sein, manifestiert für Schüler der ewigen Wahrheiten. Ich wurde mir des tiefen und bedeutungsvollen Gebrauchs des Kehlkopfzentrums bewußt in Hinblick auf das Hinüberbringen dieser ›Worte‹ durch alle Jahrhunderte, mittels verschiedener Arten von Sprachen, und doch immer mit der Lichtschwingung darin. Diese Ausdrucksweisen sind keine ›Worte‹ auf der mentalen Ebene, sonst würden sie niemals die Zeit transzendieren und ewig gültig sein. Sie sind Ausdrucksweisen der Ganzheitlichkeit von dem großen und ewigen Bewußtsein durch viele ›Stimmen‹, die klar genug waren und uns liebten, um uns Energie der Wahrheit der Worte zu bringen – Energie, die für die Ewigkeit lebt.

Diese wachsende Erkenntnis in meiner Meditation und den Einstimmungen hat noch einen zusätzlichen und damit im Inneren verbundenen Prozeß. Ich befinde mich in einem fortführenden Endeckungsprozeß mit ›The Expanded Reference Manual‹, ›The Official Handbook of The Radiance Technique®‹ und ›The Reiki Factor‹ als Orientierung für mein eigenes Wachstum bezüglich einer klareren Art zu schreiben und zu sprechen, und als Richtungsbestimmung für mein weiteres Studium der Radiance Technik®. Meine Dankbarkeit gegenüber Dr. Barbara Ray, meiner Lehrerin, wächst in dem Maße meines Bewußtwerdens, wenn ich jede Seite lese und jetzt weiß, wie ganzheitlich sie diese ewigen Wahrheiten und die wirkliche Energie von Liebe einmal mehr zu uns und all denen bringt, die auf der Suche nach innerer Weisheit und im Transformationsprozeß sind.

Hilda Harris

Vierter Grad
Opernsängerin

Hilda Harris ist ein namhafter Mezzo-Sopran, von dem das ›Essence Magazine‹ geschrieben hat: »Keine Liste der talentierten und attraktiven schwarzen Divas von Weltrang würde ohne den Namen Hilda Harris komplett sein.«

Ich gebrauche Die Radiance Technik® viel bei meinem Singen. Ich wende die Direktbehandlung für mich selbst als Streßlösung an, für das Gedächtnis und um Rollen besser einzustudieren. Und der Streß ist schon beträchtlich zurückgegangen. Wenn mich jemand vor dem Erlernen der Radiance Technik® gebeten hätte, eine neue Rolle in — sagen wir zwei Wochen, zu lernen, hätte ich mit ›Nein‹ geantwortet. Für eine wichtige Rolle muß nicht nur die Musik gelernt werden, sondern auch die Texte, die meistens in einer Fremdsprache sind, plus Aufarbeitung des Hintergrunds der Charaktere. Jetzt beschleunigt Die Radiance Technik® den Absorbierungsprozeß.

Letztes Jahr hatte ich zwei Wochen Zeit, eine Hauptrolle in einer Oper als Weltpremiere zu lernen. Ich saß mit den Händen auf Kopfposition 2 und ging einfach die Rolle durch und lernte sie auswendig. Bevor ich mit der ersten Probe anfing, richtete ich Energie auf die Probe aus und auf jeden, der mit der Probe zu tun hatte und gebrauchte dabei meine Dritte-Grad-Techniken, wenn jemand während der Proben irgendwelche Probleme hatte.

Ich habe eine ständige Verbesserung meiner Vitalität beobachtet, seit ich die Radiance Technique 1982 erlernt habe. Ich werde nicht mehr so nervös vor einer Aufführung. Es gibt so viel Unterstützung in dem System. Ich kann die ganze Aura der Aufführung, als auch die der Proben sehen, es scheint eine Harmonie zu geben, die die Proben und Aufführungen (Inszenierungen) durchdringt. Ich sehe mir die Proben an, die zur gleichen Zeit anderswo im gleichen Opernhaus laufen — man kann einen Unterschied in der Energie spüren.

Während meiner Gesangsstunden wende ich die Kopfposition Nummer vier auf meiner Halsgegend und die Vorderposition zwei über meinem Herzen an. Dies ist ein Weg, um dem Publikum ein Gefühl zu vermitteln, daß ich es wirklich in mein Herz schließe und ständig Liebe auf es hinabströmt. Ich finde auch, daß meine Stimme sich verändert. Es ist ein Veränderungsprozeß. Meine Kollegen sagen, daß sie eine andere Qualität in meiner Stimme wahrnehmen.

Ich weiß innerlich, daß da eine andere Qualität ist, die in diesem Jahr aufgetreten ist — mehr Vielfalt und eine größere Tiefe der Kommunikation.

Es gibt da eine größere Fülle, und diese Fülle findet sich nicht nur im Klang und in einer anderen Schwingung. Menschen sagen, daß sie meine Stimme, mein Klang auf eine Weise berührt, wie sie es noch nie zuvor erlebt haben. Sie entwickelt sich spiralförmig.

Sie verläuft tatsächlich in Spiralform.

Abgedruckt mit Erlaubnis von
›The Radiance Technique® Journal‹,
© Januar — März 1987.

Dean M. Karns

Dritter Grad für persönliches Wachstum (3 A)
Professor für Musik und Mathematik,
Leiter der musikalischen Fakultät

Seit ich Die Radiance Technik® ausübe, habe ich selten eine Erkältung oder Kopfschmerzen und meine Nasennebenhöhlen haben sich beträchtlich gereinigt. Ich bin nur noch gelegentlich am Nachmittag müde, ich schlafe gut in der Nacht — für gewöhnlich sechs Stunden statt der früheren acht Stunden. Ich erlebe, daß ich von ›einem Punkt von Ganzheit‹ ausgehe, wenn ich schwierige Situationen bewältige. Auch besuchte ich während des akademischen Jahrs etliche Konzerte und Vorträge. Jede Aufführung ist natürlich ideal, um Einstimmungen zu geben und meine Zweite-Grad-Techniken für das Ausrichten von Energie einzusetzen. Da Klang eine Schwingung ist und alles in einer Konzerthalle durchdringt, ist Klang ein ideales Mittel, um eine Einstimmung zu transportieren. Während ich jetzt also einer Vorführung zuhöre, stimme ich den Klang ein, in der Absicht, daß die Darsteller und das Publikum ebenso von der erweiterten Energie profitieren werden.

Katherine Lenel

Vierter Grad
Radiant Vocal Expansion
(Radiant Stimm-Erweiterung)

Jede Ausgabe dieser Rubrik unterstützt ein tägliches Netzwerk für den Weltfrieden um 12 Uhr mittags. Alle Praktizierenden der Radiance Technik® werden ermuntert, sich täglich für fünf bis dreißig Minuten um 12 Uhr mittags in ihrer Zeitzone daran zu beteiligen. Netzwerke sind mitschöpferisch!

Sie können Ihre strahlenden Hände auf ihr Herz legen und sich den Planeten Erde vorstellen. Sie können dafür einen Globus oder ein Bild der Erde nehmen, um eine Beziehung zur Erde herzustellen. Diejenigen, die einige der Symbole kennen, auf denen Die Radiance Technik® basiert, können sie benutzen, um Energie auszurichten, und die, die in der Lage sind, den Einstimmungsprozeß anzuwenden, können den Planeten einstimmen.

199

Wir können alle unsere Energie auf die Ebene von Frieden und Harmonie einstimmen, die die Quelle unseres Lebens ist. Erinnern Sie sich daran: Wenn wir einander verbinden, um Licht zu schaffen, geht die Energie mit der Anzahl der Beteiligten ins Quadrat.

In diesem Quartal konzentrieren wir uns auf strahlende Babies. Es ist leicht, die Quelle von Lebenskraft und Liebe zu sehen, die aus den Augen von Babies scheint und sich in ihrer unfehlbaren Spontanität widerspiegelt. Wir können einen sicheren Platz schaffen, um diese Liebe wachsen zu lassen, wann immer wir die Radiance Technik® anwenden. Die Freude und das Erstaunen, die das Geburtsrecht aller Kinder darstellen, können von Menschen aller Altersstufen zurückgefordert werden und in allen lebenden Kreaturen erweckt werden, indem wir das profunde Werkzeug einsetzen, das wir bekommen haben.

Stellen Sie sich eine Welt vor, in der die Energie und Lebendigkeit von Kindern in ein glühendes Mitgefühl und eine Kreativität hineingewachsen und gereift sind, die mit dem Älterwerden nicht abnehmen. Stellen Sie sich eine Welt vor, in der Pflanzen, Tiere und menschliche Wesen ganz natürlich zusammenarbeiten, in der sie das Leben zum Wohle aller fördern und erweitern. Das ist die Natur von universeller Energie, die Quelle von Leben, und das sind die Gaben — wenn wir das Werkzeug, das uns Zugang zu dieser Quelle verschafft, benutzen, nämlich Die Radiance Technik®.

Jeden Tag zur Mittagszeit in Ihrer Zeitzone unterstützen Sie die Mehrung des Bewußtseins und der Liebe auf der Erde durch den Gebrauch Ihrer strahlenden Hände und Ihres Herzens, um ein Netzwerk für Frieden auf der Erde aufzubauen.

Abgedruckt mit Erlaubnis von
›The Radiance Technique® Journal‹, © 1988

Wesley Balk, Ph. D.

Fünfter Grad
Professor/Lehrer im Bereich Schauspielkunst,
Singen und Darstellende Kunst. Autor

Meine Hauptwerkzeuge sind Einstimmungen vor, während und nach dem Prozeß des Lehrens. Direktbehandlungen — besonders im Sinne von Berühren — ist ziemlich oft möglich, wenn ich mit darstellenden Künstlern zusammenarbeite.

Seit ich mit der Radiance Technik® arbeite, hat sich meine allgemeine Vitalität beträchtlich verbessert. Ich habe Dutzende von Kommentaren von Menschen bekommen, die mit mir arbeiten, und mir bemerkenswerte Änderungen in meiner Art zu lehren bescheinigten. Auch sind Chancen auf eine andere Art auf mich ›zugeflossen‹ mit unerwarteten Angeboten. Bei meinem Schreiben und Lehren gibt es einen stärkeren Sinn für Zweck und Kohärenz. Beim Schreiben fließen Ideen mit einer deutlich anderen Freiheit, der Ansatz ist offen, mehr in sich verbunden und ganzheitlich.

Abgedruckt mit Erlaubnis von ›The Radiance Technique®‹
›On The Job‹,
Fred W. Wright, Jr., © 1987 by Radiance Associates

Demeter Sierra

Fünfter Grad
Opernsängerin

Als eine Konzert- und Opernsängerin habe ich eine profunde Änderung festgestellt, seit ich Die Radiance Technik® lerne.

Es mag so scheinen, als ob es sich um eine äußere Veränderung handelt, weil sich tatsächlich meine Stimme verändert hat, aber es ist eine Wissenschaft des Inneren, und sie entspringt tief in uns und spiralt sich in die äußere Manifestation hinein.

Ich wende die Direktbehandlung während meiner Lernphasen an, besonders die erste und zweite Kopfposition. Die Radiance Technik® erleichtert das Sich-Erinnern. Dann gebrauche ich oft die Direktbehandlung bei Proben und lege oft die Hände auf die Adrenalindrüsen. Dies erregt keinerlei Aufsehen und hilft mir, meine Darstellungen mit Energie aufzuladen und zu harmonisieren. Auch hat das unaufhörliche Anwenden der Symbole, die sich beweisen, während ich mich durch die Musik bewege, einen Aspekt meines Singens verändert, den ich nie für möglich gehalten hätte. Ich bin frei, um zu improvisieren. Das war immer ein großes Problem für mich gewesen — das Vertrauen zu haben, der Musik zu gestatten von mir auszuströmen, manchmal wortlose Klänge, die aus einer Quelle tief in mir kommen. Menschen, die meine Arbeit über die Jahre hinweg kennen, sagten mir, der Klang meiner Stimme sei freier, reicher und voluminöser geworden — und erweitert sich ständig.

Ich bin zutiefst dankbar, in einer Zeit zu leben, in der diese wundervolle Kunst und Wissenschaft uns von Dr. Barbara Ray verfügbar gemacht wird. Während gründlicher Arbeit damit bin ich zu einem tieferen Verständnis meiner selbst gekommen und zu einer Erweiterung, ein aufregendes und unbekanntes neues Land. Wir können wahrhaft alles sein, wozu wir gedacht sind; das Arbeiten mit der Radiance Technik® hat weitreichende Auswirkungen. Genauso wie als Sängerin und Lehrerin habe ich intensiv mit Tieren gearbeitet — von Haustieren bis zu verletzten Meeressäugetieren und beim Kühemelken! Wenn einmal die Berührung hergestellt ist, entspannen und vertrauen die Tiere in den meisten Fällen. Die Schwingung ist Kommunikation mit ihnen jenseits von Worten, und je mehr man Die Radiance Technik® anwendet, desto mehr verstärkt sich diese Schwingung. Ich empfinde große, große Dankbarkeit und Freude dafür, diese Technik zur Verfügung zu haben und für die Kapazität mit jedem lebendigen Atemzug zu wachsen und mich auszudehnen.

Clarity James

Vierter Grad
Sängerin, Stimmlehrerin

Meine Diagnose über Krebs (Cancer Cervix) kam zu einer Zeit, als mein Terminplan mit Engagements ziemlich voll war. Ich erhielt diese Information an einem Freitag und ich sollte am Montag darauf mit den Proben für ein Konzert mit einem großen Symphonieorchester an der Westküste beginnen, und sofort danach an einem Sommerfestival des Wagnerkreises teilnehmen. In diesem Moment, als ich die Diagnose erhielt, begann ich, andere um Energieunterstützung zu bitten. Für mich war es ein Geschenk, daß ich schon immer enorme physische Unterstützung durch die Anwendung von Radiance Technik® bekommen hatte (Linderung von Schmerzen, Förderung des Heilungsprozesses). Worüber ich auf dieser Reise größere Bewußtheit erlangen sollte, war die Tiefe der Unterstützung, auch für meine emotionale, mentale und spirituelle Ebene.

Die Anweisungen für meine Behandlung bestanden erst in interner, dann in externer Bestrahlung. Während dieses Prozesses war ich darüber erstaunt, daß ich tatsächlich einen klaren Kopf behalten konnte, um alle meine Möglichkeiten zu übersehen, und beharrlich weiterhin um jene Unterstützung zu bitten, von der ich fühlte, daß sie die größte Hilfe für alle Beteiligten war.

Oh ja, es gab das ›warum mußte mir Armen das passieren‹-Syndrom, und ich blieb nicht lange dabei, so groß war die Unterstützung und Hilfe durch Die Radiance Technik®. Ich erlebte auf eine sehr fühlbare Weise das geborgene, warme Netz von liebevoller Energie, die von überall auf diesem Planeten auf mich ausgerichtet wurde, ebenso wie das Schwelgen in einer großen Menge von Direktbehandlungen durch jene, die ich meine ›Engelschar‹ nannte. Egal, was sonst auf der körperlichen Ebene ablief, ob emotional oder mental, hatte ich die ganze Zeit ein Bewußtsein für jene große kosmische Umarmung, die für mich da war. Alles was ich tun mußte, war mich zu entscheiden, dort bewußt hineinzugehen und ihr zu gestatten, mich zu umfangen.

Eine meiner aufregendsten Entdeckungen im Gebrauch dieser Technik fand während eines operativen Eingriffs (Implantation) statt. Ich hatte darauf bestanden, daß eine lokale Betäubung gemacht wurde, um eine mögliche Schädigung meiner Stimmbänder durch Schläuche, die durch meinen Hals gelegt wurden, zu verhindern, wie das bei einer Vollnarkose möglich ist. Obwohl der Eingriff körperlich recht unangenehm war, erlebte ich — in vollkommener Ganzheitlichkeit auf anderen Ebenen meines Seins zu existieren! Ich wurde der Tanz unseres Energie-Modells! Ich betrachtete mich selbst und den physischen Prozeß in einer Gleichzeitigkeit von verschiedenen Ebenen von Energie.

Zur gleichen Zeit, als ich wirklich intensiv mit dem Körperlichen beschäftigt war, *wußte* ich auch, daß mein *Selbst* viel mehr als das ist. Es war nicht so, daß ich das Körperliche nicht mitzählte oder versuchte ihm zu entkommen, aber es gab mehr. Indem ich alle Ebenen der Radiance Technik® anwendete, die mir zur Verfügung standen, berührte ich den Grad von Ganzheit und erlebte dort das Gefühl von vollkommener Sicherheit, egal, was im Äußeren gerade geschah. Der Eingriff verlief sehr komplikationslos und schnell. Ich verließ das Krankenhaus einen Tag eher als geplant und flog zwei Tage später zu meinem nächsten Job.

Während der sechs Wochen Wagner-Proben und Aufführungen erlebte ich weiterhin große Unterstützung durch den Gebrauch von Radiance Technik® und war in der Lage, gute Leistungen auf allen Ebenen zu vollbringen. Niemand merkte auf irgendeine Weise, daß ich mich nicht vollkommen gut fühlte.

Zurück in New York begannen für mich fünf Wochen täglicher Strahlentherapie und ich erkannte, daß dies für mich die Zeit sein würde, in der ich am dankbarsten für Die Radiance Technik® sein würde. Ich schaffte jedes Mal während der Behandlung einen Einstimmungsprozeß, und stellte mir die gesunden Zellen geschützt vor, während ich gleichzeitig den Krebszellen erlaubte, sich in Licht aufzulösen. Außerdem hüllte ich verschiedene Teile meines physischen Körpers schützend in unsere kosmischen Symbole ein, eben jene Körperpartien, die sich zu dem Zeitpunkt besonders verletzlich anfühlten. Ich richtete auch Energie auf andere Menschen aus, die durch einen ähnlichen Prozeß gingen, und auch auf die Menschen selbst, indem ich mir die Strahlung vorstellte, die von der Maschine — durch die Symbole — in meinen Körper eindrang.

Das tägliche Fahren mit der U-Bahn zu meiner Behandlung gab mir viele Möglichkeiten, mein eigenes Selbst zu überschreiten und anderen diese Energie anzubieten. Das war auch der Fall im Warteraum des Behandlungszentrums. Oft erlebte ich statt Angst und Furcht eine große Fülle in meinem Herzen, wenn ich mich durch einen Mitpatienten herbeigewunken und angesprochen fühlte, diese Energie auf den inneren Ebenen mit ihm zu teilen.

Meine unaufhörliche Direktbehandlung während dieses

ganzen Vorgangs machte nicht nur die körperlichen Unbequemlichkeiten angenehmer, sondern brachten mir eine beträchtliche Vitalität, die wirklich ungewöhnlich ist für Menschen, die durch solche Behandlungen hindurchgehen.

Als ich auf die erste Gruppenbehandlung wartete, dachten einige Mitglieder des Behandlungspersonals, ich sei als Freund oder Verwandter da, nicht als Patient. Die Therapeutin merkte, daß ich irgendwie anders als die übrigen Patienten war. Sie sagte, daß sie in mir die Fähigkeiten sehe, jenseits der physischen und psychologischen Schmerzen zu gehen und fragte mich über diesen Vorgang aus. Nachdem ich ihr von der Radiance Technik® erzählt hatte, entschloß sie sich, ein Seminar mitzumachen und jetzt wendet sie diese Technik für sich und andere an.

Meine *ganze* Haltung auf dieser Reise hat mich wahrscheinlich mehr überrascht als irgend jemanden sonst. Als ich zuerst das Wort ›bösartig‹ hörte, begann ich, mein Leben ganz anders zu sehen. Ich war mehr bereit, viel mehr im Hier- und Jetzt-Bewußtsein, was im Zentrum der Radiance Technik® existiert. Ich lerne weiterhin, daß Radiance Technik® mir die Fähigkeit gibt zu ganzheitlicher und natürlicher Unterstützung, ganz egal, welcher Teil meines Wesens im Streß ist und welchen Prozeß auch immer ich durchmache. Ich erfahre neue Tiefen von Vertrauen und Liebe und Dankbarkeit darüber, da uns jetzt hier auf diesem Planeten Erde ein solches Werkzeug geschenkt wurde.

Yesnie Carrington

Fünfter Grad
Geschäftsfrau/Streß Management

Das, was ich hier mitteile, ist Teil meiner Erfahrung, als ich Gelegenheit hatte, eine Woche in West-Berlin zu verbringen.

Ich hatte das Glück, fast täglich den weltberühmten Zoo besuchen zu können, der im Herzen der Stadt liegt. Das Zoogelände ist eine große Grünfläche, komplett mit viel Wasser, Blumen und Bäumen, und die Landschaftsplaner haben die Häuser für Tiere so angelegt, daß man sehr nah an sie herankommen kann. Ich war über den Artenreichtum der Tiere beeindruckt, und auch über die Vielfalt innerhalb der verschiedenen Arten. Zum Beispiel hat der Zoo fünf verschiedene Arten von Bären aus der ganzen Welt, und zusätzlich einen Riesenpanda aus China. Die Vielzahl von Wildsorten konnte ich nicht mehr zählen.

Ich hatte die unglaubliche Gelegenheit, einige Direktbehandlungen mit universaler Energie, sowie einige Einstimmungen mit Nikki, einem drei Monate alten Tigerbaby, auszutauschen! Mit jeder Einstimmung wurde Nikki entspannter — er entstreßte sich von der Härte des Zoo-Lebens! Dies war meine erste Chance, die universale Energie mit einem nicht gezähmten Tier auszutauschen. Und Nikki zeigte von Anfang an ein intuitives Wiedererkennen dieser universalen Schwingung.

Bei jeder Tierart war ich direkt in der Lage, ihre universalen, inneren Ebenen zu berühren und bewußt unser Zusammenwirken zu erkennen, indem ich das Ausrichten von Energie und den Einstimmungsprozeß anwendete. Und ich konnte ihre Wahrnehmung der Symbole und der Einstimmungen beobachten. Ich bekam auch ein direktes Wissen über ihre Intelligenz und auf dieses Erkennen von universaler Energie durch sie, und manchmal drückte ihre äußere Form dieses Wissen, dieses Erkennen aus.

Ein persönliches Erlebnis mit einem Nashorn ist ein gutes Beispiel hierfür. Es gab vier erwachsene Nashörner im Zoo, die in einem ziemlich abgeschlossenen Wassergebiet lebten. Jeden Tag reagierte ein besonderes Nashorn sehr gut sichtbar auf mich, wenn ich anfing, die kosmischen Symbole und

Einstimmungen zu gebrauchen. An meinem letzten Tag im Zoo, fing das Nashorn an, wild in alle Richtungen Wasser mit seinem Kopf herumzuspritzen, während die anderen ruhig blieben und im allgemeinen in einer Ruheposition fast ganz unter Wasser blieben.

Die Löwen brüllten laut während der Symbole und Einstimmungen. Das Rehwild blieb ruhig und still, als wenn sie der universalen Schwingungen lauschten. Die zweihöckrigen Kamele gingen tatsächlich auf mich zu.

Mit dieser Wissenschaft universaler Energie hatte ich mein eigenes direktes Wissen um die inneren Ebenen jeder dieser wundervollen Arten, und ich wußte, daß ich direkt zu ihrem Wohlbefinden beitrug.

Ich ermutige andere, Die Radiance Technik® auf diese Art mit Tieren zu teilen. Ich weiß, daß ich in einer Verbindung mit diesen Tieren war, wie nie zuvor!

Abgedruckt mit Erlaubnis des
›The Radiance Technique® Journal‹, © 1986

Fred W. Wright, Jr.

Vierter Grad,
Autor

Bevor ich den Ersten Grad der Radiance Technik® im Juni 1981 bekam, gab es viele Zeiten in meinem Leben, in denen ich mich hilflos oder machtlos fühlte. Immer wenn jemand, der mir nahe stand, krank wurde, oder immer, wenn ich mich einer Herausforderung gegenüber sah, die keine sofortige Lösung bot, fühlte ich mich hilflos. Ich hatte das Gefühl, als wenn Ereignisse außerhalb meiner Kontrolle seien.

Im Angesicht der weltweiten Krisen — Krieg, Hunger, Katastrophen — fühlte ich mich ganz besonders machtlos. Mein Verstand sagte einfach schnell zu mir: »Was kann ich schon gegen die Bedrohung eines Atomkrieges tun? Ich bin nur eine Einzelperson. Ich bin kein Politiker oder eine mächtige Führungspersönlichkeit. Ich kann gar nichts tun. Was kann ich gegen den Hunger in Afrika tun? Ich bin weder reich noch mächtig genug, einen Unterschied zu machen. Es gibt nichts, was ich tun kann.«

Als ich anfing, die Methoden anzuwenden, die ich bei den verschiedenen Graden der Radiance Technik® gelernt hatte, begann ich, ein Gefühl davon wahrzunehmen, daß etwas in meinem Bewußtsein wuchs und sich ausdehnte — und es war ein Gefühl der Macht, von der Kraft dieser ausstrahlenden Energie. Als ich mich mit meiner Technik am Netzwerk für Menschen und Ereignisse auf der ganzen Welt beteiligte, begann ich, in mir ein plötzliches Bedürfnis nach Vertrauen und Gemeinschaft zu fühlen. Und als ich anfing, mich weniger allein und getrennt vom Rest der Welt zu fühlen, fühlte ich mich auch immer weniger hilflos und mehr in der Lage, einen Unterschied auszumachen. Die Radiance Technik® ist so eine sich unaufhörlich verändernde und erweiternde Erfahrung gewesen. Ich fühlte mich als Teil eines riesigen Netzwerkes von Energie, die ausgleicht, unterstützt und, ja, auf eine ganzheitliche, bedingungslose Weise kraftvoll ist. Ich fühlte mich viel mehr als ein Teil der Ereignisse in der Welt, und viel mehr verantwortlich für das, was ich tun kann, diesem Planeten zu helfen und allen fünf Milliarden von uns, die darauf leben, um geeinter und liebevoller miteinander umzugehen.

›Radiant Power‹ ist nicht länger nur eine Idee in mir; es ist eine Energie, die ich jeden einzelnen Tag erfahre, zusammen mit einer unbekannten Anzahl anderer Wesen auf diesem Planeten.

Joseph Gifford

Vierter Grad
Professor ehrenhalber (h. c.),
Schauspieler

Ich wende Die Radiance Technik® während meiner Arbeit auf alle möglichen Arten an. Oft habe ich der Klasse als ganzes zum Unterrichtsbeginn oder zum Abschluß eine Einstimmung gegeben. Das half ihnen, sich selbst zu ermöglichen, ihre Zeit und Energie konstruktiver zu nutzen. Studenten kamen zu mir mit physischen Problemen: Kopfschmerzen, Verletzungen, und ich wandte dann die Direktpositionen an, oder, wenn nicht genug Zeit dafür war, richtete ich diese Energie am Abend auf sie aus.

Ich gebrauchte die Techniken des zweiten und dritten Grades ständig, um in mir und meinen Studenten und Kollegen Spannungen abzubauen, um mehr inneren und äußeren Frieden entstehen zu lassen, und um eine harmonischere, einheitlichere, behütete und mitteilsamere Umgebung zu schaffen.

Als Lehrer empfinde ich, daß Die Radiance Technik® mir hilft, effizienter und kreativer zu sein. Ich empfinde mich als jemand, der mit größerer Klarheit und tieferem Verständnis für meine Studenten und dem Material, mit dem ich unterrichte, kommuniziert. Indem ich mich mindestens 15- bis 25mal selbst jeden Tag einstimme, finde ich, daß meine intuitive Kraft sich beträchtlich vergrößert hat. Ich bin weniger beschäftigt mit Angelegenheiten der Dualität. Ich sehe alles klarer.

Abgedruckt mit Erlaubnis von
›The Radiance Technique®‹ ›On The Job‹
Fred W. Wright, Jr., © 1987 by Radiance Associates

210

›Reiki‹ ist eine Bezeichnung, die von Dr. Usui aus zwei verschiedenen japanischen Worten zusammengesetzt wurde, um die kosmische Energie-Wissenschaft, die er in alten Texten wiederentdeckt hatte, zu bezeichnen. ›Rei‹ bezieht sich auf kosmische, universale Energie und ›Ki‹ bezieht sich auf Lebensenergie auf der physischen, äußeren Ebene. Indem Dr. Usui die Bezeichnung ›Reiki‹ schuf, deckte er nur in Worten das Konzept dieser Energie des Ganzen ab. Die Übereinstimmung des Teils (Ki) mit dem Ganzen, Universalen (Rei) als einem sich ständig erweiterndem Prinzip von dynamischer Interaktion. Als ich den Titel ›Der Reiki Faktor‹ für dieses Buch über diese Wissenschaft wählte, benutzte ich das Wort ›Reiki‹, um diesen universalen Faktor innerhalb dieser Wissenschaft von tranzendentaler Energie zu beschreiben. Die Ausstrahlungskraft dieser Wissenschaft wird durch ein im Innersten verbundenes System von universalen Symbolen und Einstimmungsprozessen zugänglich gemacht und übertragen, *nicht* durch das Wort ›Rei-Ki‹ oder überhaupt irgendeine Bezeichnung. Das ›offizielle Reiki-Programm®‹, ›Die Radiance Technik®‹, ›Real Reiki®‹ ist *kein* System von Worten oder Wortabgrenzungen. ›Reiki‹ wird als eine nicht spezifische Bezeichnung betrachtet, die von jedem für alles benutzt werden kann. Deshalb sind ›Real Reiki®‹, ›Die Radiance Technik®‹, ›Das Offizielle Reiki Programm®‹ eingetragene und geschützte Bezeichnungen, um die intakte und vollständige kosmische, aus Schwingung bestehende Energie-Wissenschaft, die von Dr. Usui wiederentdeckt wurde, zu bezeichnen und von anderen Reiki-Formen zu unterscheiden.

Seit der ›Reiki Faktor‹ ursprünglich veröffentlicht wurde, verbreitete sich der Gebrauch dieser Technik weltweit und umfaßt nun den Globus. Während dieser Zeit fand eine weitgehende Zersplitterung und Verwirrung im Denken statt, was das verwässerte und losgelöste ›Etwas‹, was ›Reiki‹ heißt, anbelangt im Verhältnis zu der tatsächlichen intakten Wissenschaft, die von Dr. Usui wiederentdeckt worden war. Einzelpersonen, die nicht über den Zugang zum ganzen System verfügen und die noch nicht einmal Kenntnis vom korrekten Einstimmungsprozeß haben, ernennen sich oder andere zu Lehrern. Der Gebrauch von Teilen, die vom ganzen System abgetrennt sind, und das Ausdenken von Formeln und Methoden, die niemals einen Bezug zur Aktivierung dieser Energie innerhalb dieses Systems hatten, stellen einen Prozeß dar, der keinerlei *Bezug zu diesem System, das von Dr. Usui wiederentdeckt wurde, hat.* Sie sind ›etwas‹ anderes als diese Wissenschaft. Jene Einzelpersonen verfügen über keine der Bestandteile, die für den geordneten Prozeß dieser Wissenschaft notwendig sind. Um diesen Unterschied kenntlich zu machen, wurde die intakte Wissenschaft, ›Das Offizielle Reiki-Programm®‹ genannt, und als eine noch klarere Abgrenzung wurde ›Die Radiance Technik®‹ hinzugefügt. Das, was jetzt häufig ›Reiki‹ genannt wird, ist NICHT unbedingt das System, das Dr. Usui wiederentdeckt hat. Das ›Offizielle Reiki-Programm®‹, ›The Radiance Technique®‹, ›Real Reiki®‹ IST dieses System – und The Radiance Technique Association International Inc. (früher A.I.R.A.) garantiert, daß es das intakte System bleibt. Die ›Radiance Technik®‹, der Erste, Zweite oder der Dritte Grad des ›Offiziellen Reiki-Programms®‹ und ›Real Reiki®‹ sind KEINE Synonyme für

212

›REIKI‹. Das Wort ›Reiki‹ ist *nicht* das gleiche wie irgendeine dieser Bezeichnungen und das Wort ›Reiki‹ ist mit diesen Kennzeichnungen nicht austauschbar. Juristisch ist es so, daß niemand, der nicht als Lehrer durch die T.R.T.A.I. ausgebildet und anerkannt ist, diese eingetragenen Warenzeichen benutzen kann.

Bevor Sie Ihre Energie, Ihre Zeit und Ihr Geld investieren, gehen Sie sicher, ob Sie die intakte Wissenschaft, die von Dr. Usui wiederentdeckt wurde, lernen. Setzen Sie sich mit der T.R.T.A.I. oder der Radiance Technique® Teachers Association in Verbindung, um eine vollständige Liste aller anerkannten Lehrer zu bekommen. — Zwei zusätzliche Bücher über das authentische Usui-System sind geschrieben worden und stehen Ihnen jetzt zur Verfügung. ›The Official Handbook of The Radiance Technique®‹ ist eine neue und wesentlich erweiterte Ausgabe, die wichtige Informationen und Übungen zum Gebrauch dieser Technik für Lernende aller Grade enthält. Es enthält auch zwei mehrfarbige Fotografien und ist zum einfachen Gebrauch und für die ersten Entdeckungen, die bei der Anwendung der Radiance Technik® zu machen sind, angelegt. Das Buch bietet Ihnen Möglichkeiten, zu wachsen und zu forschen, für Ihren eigenen persönlichen Fortschritt an Bewußtsein, Wachstum und Transformation. ›The Expended Reference Manual‹ ist wirklich das erste Buch dieser Art mit einem einzigartigen ›A bis Z-Teil‹ zum Studieren, mit mehr als *600 Abschnitten!* Sie können Ihr Wissen um die multidimensionalen Beziehungen der ›Radiance Technik®‹ mit den äußeren Ebenen des Alltagslebens und den inneren Ebenen von höherem Bewußtsein vertiefen. Die Stichworte sind für alle Lernenden jeden Grades konzipiert und bieten eine Führung an für die Anwendung von strahlender Energie, um Ihre Beziehung zur Energie der inneren Ebenen aller lebenden Systeme auszubauen. Kreuzverweise leiten Ihre Reise des Entdeckens und Ihre Feier des Lichts und die Freude des Erwachens und der Bewußtwerdung.

Viele der Informationen im ›Expended Reference Manual‹ würden auch für Menschen in ihrem persönlichen Wachstum und ihrer Transformation auf dem Pfad der Erleuchtung wertvoll und nützlich sein, selbst wenn sie noch nicht Die ›Radiance Technik®‹ — das ›Offizielle Reiki-Programm®‹ erlernt haben, die von *keinem* Buch allein vermittelt werden kann. Um diese Technik zu lernen, müssen Sie von einem vollständig qualifizierten und gegenwärtig anerkannten Lehrer der T.R.T.A.I. ausgebildet werden. Dennoch ist ›The Expanded Reference Manual‹ so vielschichtig, daß ernsthafte Schüler der Bewußtwerdung es vielfältig verwenden werden. Informationen über den Bezug dieser Bücher und andere Informationen entnehmen Sie der Adressenliste.

Weiterführende Adressen

Weitere Informationen über Mitgliedschaft und Informationen über den Ersten Grad sowie den Zweiten Grad:
The Radiance Technique® Association International, Inc.
P. O. Box 40570, St. Petersburg, Florida 33743-0570

Informationen über das offizielle Ausbildungsprogramm für authorisierte Lehrer, über den Dritten Grad (3B):
Faculty Review Committee
P. O. Box 86158, St. Petersburg, Florida 33738

Weitere Informationen über diese Bücher — Der ›Reiki‹-Faktor von Dr. Barbara Ray, auf Englisch, Deutsch und Japanisch erschienen: The Expanded Reference Manual von Dr. Barbara Ray; The Radiance Technique® on the Job von Fred W. Wright Jr.
Radiance Associates
P. O. Box 86425, St. Petersburg, Florida 33738

Informationen über Radiant Third Degree-Seminare und 3. Grad (3 A)-Seminare:
Radiance Stress Management International, Inc.
P. O. Box 86425, St. Petersburg, Florida 33738

Informationen über Vierte Grad-Seminare:
Radiance Seminars, Inc.
P. O. Box 86425, St. Petersburg, Florida 33738

Beiträge oder Anfragen an die dreimal im Jahr erscheinende Publikation der T.R.T.A.I. — The Radiance Technique Journal und Bitten um aktuelle oder frühere Ausgaben:
The Radiance Technique Journal
P. O. Box 8156, St. Petersburg, Florida 33738

UNIVERSALES KOSMISCHES BEWUSSTSEIN
(UNIVERSAL COSMIC CONSCIOUSNESS)
REINES LICHT   REINES LEUCHTEN
(PURE LIGHT   PURE RADIANCE)

SPIRITUELLES ERWACHEN
(SPIRITUAL AWAKENING)

ERWEITERTES TRANSZENDENTALES BEWUSSTSEIN
(EXPANDED TRANSCENDENT CONSCIOUSNESS)

TRANSZENDENTALE WAHRNEHMUNG
(TRANSCENDENT AWARENESS)
REALITÄT DER INNEREN EBENE
(INNER PLANE REALITY)

HÖHERE MENTALE EBENE
(HIGHER MENTAL PLANE)
INTUITIVER VERSTAND
(INTUITIVE MIND)

MENTALE EBENE
(MENTAL PLANE)
KONKRETER VERSTAND
(CONCRETE MIND)

PSYCHOLOGISCH
(PSYCHOLOGICAL)

EMOTIONAL
(EMOTIONAL)

PHYSISCH – MATERIELL
(PHYSICAL – MATERIAL)
REALITÄT DER ÄUSSEREN EBENE
(OUTER PLANE REALITY)

Dr. Barbara Ray · © 1984 · P.O. Box 86425 · St. Petersburg, FL 33738

216

Energiemodell

Schwingungsebenen der Energie
(Vibrational Planes of Energy)

Spektrum des Bewußtseins
(Spectrum of Consciousness)

Transformierender Ganzheitsprozeß
(Transforming–Wholing Process)

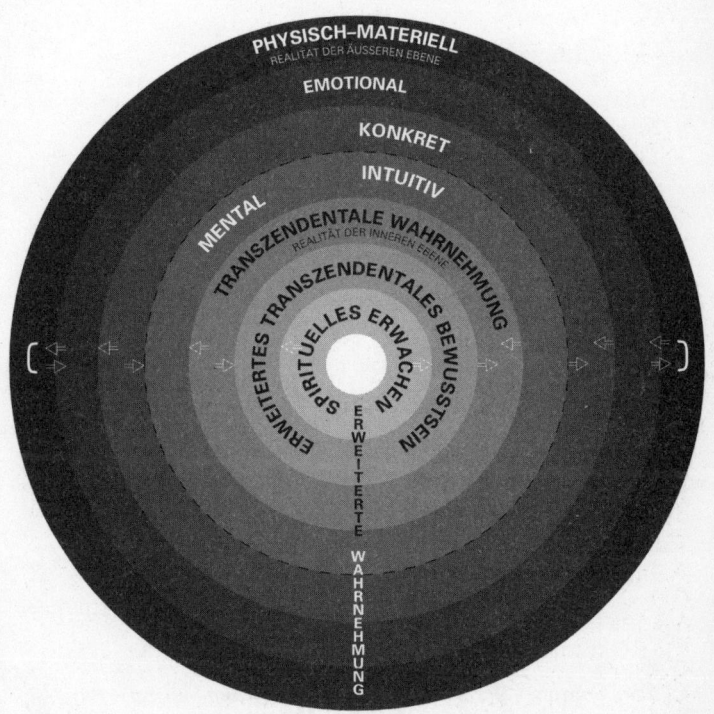

ÜBER DIE INNERE
ZUR ÄUSSEREN DICHTE ZUR ERLEUCHTUNG

Anmerkungen

1 Einleitung: Ein neuer Anfang

1 William Morris (Hrsg.), *The American Heritage Dictionary of the English Language* (Boston, Houghton Mifflin Co., 1980), S. 908.
2 Lincoln Barnett, *The Universe and Dr. Einstein* (New York: A Bantam Book, 1969), S. 108.

2 Der Anbruch eines neuen Zeitalters

1 Alvin Toffler, *The Third Wave* (New York, Bantam Books, 1969), S. 9.
2 Ibid.

3 Das ganzheitliche Modell

1 Harold Bloomfield und Robert Kory, *The Holistic Way to Health and Happiness* (New York: Simon and Schuster, 1978), S. 23.
2 Marilyn Ferguson, *The Aquarian Conspiracy* (Los Angeles: J. P. Tarcher, 1980), S. 85.

6 Reiki und Energie

1 Jean Charon, ›*The Spirit: In Man ... In Contemporary Physics*‹; Vortrag auf dem zweiten Weltkongreß von Wissenschaft und Religion in St. Petersburg Beach, Florida, Juni 1981.
2 Jolande Jacobi (Hrsg.), *C. G. Jung: Psychological Reflections − A New Anthology of his Writings, 1905 − 1961* (Princeton: University Press, 1978), S. 30 und S. 36.

3 Zitiert von Robert Gammon in dem Skript ›Scientific Mysticism‹ auf dem zweiten Weltkongreß von Wissenschaft und Religion, St. Petersburg Beach, Florida, Juni 1981.

4 Zitiert von Kay Croissant und Catherine Dees in *Continuum − the Immortality Principle* (San Bernadino, Franklin Press, 1978), S. 35.

7 Reiki: Eine Wissenschaft des Lichts

1 Ferguson, *The Aquarian Conspiracy,* S. 102.
2 Ibid., S. 32.
3 John Ott, *Health and Light* (New York: Pocket Books, 1976) S. 19.
4 Ibid., S. 192.
5 Ibid., S. 21.
6 Albert Einstein und Leopold Infeld, *The Evolution of Physics* (New York, Simon und Schuster, 1938), S. 31.
7 Carl Sagan, *Cosmos* (New York, Random House, 1980), S. 345.

10 Streß, Entspannung und Reiki

1 Hans Selye, *Stress without Distress,* (New York, Signet, 1975), S. 14.
2 Carl Simonton, *Getting Well Again* (New York, Bantam Books, 1978), S. 44.
3 Zitiert von Steven Halpern in *Tuning the Human Instrument* (Belmont, Spectrum Research Institute, 1978), S. 53.
4 Simonton, *Getting Well Again,* S. 41.
5 Halpern, *Tuning the Human Instrument,* S. 49.
6 Bloomfield, *The Holistic Way to Health and Happiness,* S. 50.

13 Reiki in Tod und Sterben

1 Jacobi, C. G. Jung, *Psychological Reflections,* S. 28.
2 Croissant, *Continuum − the Immortality Principle,* S. 7.
3 Ibid., S. 1.
4 Ibid., S. 21.
5 Ibid., S. 23.
6 Ibid., S. 35.
7 Ibid.

8 Ibid., S. 71.
9 Elisabeth Kübler-Ross, *Death — The Final Stage of Growth,* (Engelwood Cliffs, Prentice-Hall, Inc., 1975), S. 6.

14 Spontanheilungen mit Reiki

1 Zitiert von Ferguson in *The Aquarian Conspiracy,* S. 174.
2 Morris (Hrsg.), *The American Heritage Dictionary of the English Language,* S. 1248.

Ausgewählte Bibliographie

Barnett, Lincoln, Einstein und das Universum. Hamburg, Fischer, 1952.

Beasley, Victor, Your Electro-Vibratory Body. Boulder Creek, Calif., University of the Trees Press, 1978.

Bloomfield, Harold and Kory, Robert, The Holistic Way to Health and Happiness. New York, Simon and Schuster, 1978.

Brenner, Paul, Health Is a Question of Balance. New York, Vantage Press, 1978.

Capra, Fritjof, Der Kosmische Reigen, O.W. Barth Verlag, 1977.

Dossey, Larry, Space, Time & Medicine. Boulder, Shambala Publications, Inc., 1982.

Ferguson, Marilyn, Die sanfte Verschwörung. Zürich, Sphinx Verlag, 1982.

Hall, Manley, Freemasonry of the Ancient Egyptians. Los Angeles, Philosophical Research Society, Inc., 1980.

Halpern, Steven, Tuning the Human Instrument. Belmont, Calif., Spectrum Research Institute, 1978.

Kaslof, Leslie, Wholistic Dimensions in Healing: A Resource Guide. New York, Doubleday & Co., Inc., 1970.

Keyes, Ken, Handbook to Higher Consciousness. St. Mary, Kentucky, Living Love Publications, 1975.

Kübler-Ross, Elisabeth, Interviews mit Sterbenden. Berlin, Kreuz Verlag, 1971.

Kübler-Ross, Elisabeth, Reif werden zum Tode, Kreuz Verlag Stuttgart, 1977.

Montagu, Ashley, Growing Young. New York, McGraw-Hill, 1981.

Motoyama, Hiroshi, Science and the Evolution of Consciousness. Brookline, Mass., Autumn Press, Inc., 1978.

Ott, John, Health and Light. New York, Pocket Books, 1976.

Sagan, Carl, Cosmos. New York, Random House, 1980.

Selye, Hans, Streß. Bewältigung und Lebensgewinn. München, Zürich, Piper, 1974.

Sheehy, Gail, Pathfinders. New York, William Morrow and Co., Inc., 1981.

Simonton Carl and Stephanie, Getting Well Again. New York, Bantam Books, 1978.

Swami Rama, A Practical Guide to Holistic Health. Honesdale, Penn., Himalayan International Institute, 1978.

Teilhard de Chardin, Pierre, Pilger der Zukunft. München, Alber, 1959.

Talbot, Michael, Mysticism and the New Physics. New York, Bantam Books, 1981.

Wolf, Fred, Taking the Quantum Leap. New York, Harper & Row, 1981.

Zukav, Gary, Die tanzenden Wu Li Meister, Rowohlt, 1981.

ESOTERISCHES WISSEN

DER SCHLÜSSEL ZUR INNEREN WEISHEIT

Wege und Wahrheiten
für ein besseres und erfolgreiches Leben

08/9574

08/9573

08/9577

08/9588

08/9590

08/9589

WILHELM HEYNE VERLAG
MÜNCHEN

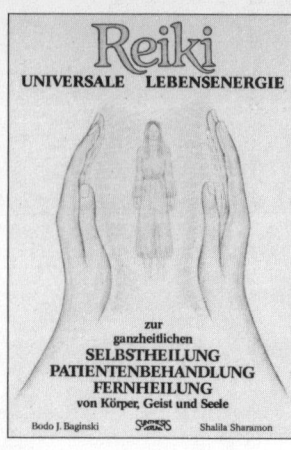